# SCM

## Stiftung Christliche Medien

SCM ist ein Imprint der SCM Verlagsgruppe, die zur Stiftung Christliche Medien gehört, einer gemeinnützigen Stiftung, die sich für die Förderung und Verbreitung christlicher Bücher, Zeitschriften, Filme und Musik einsetzt.

© 2025 SCM Verlagsgruppe GmbH
Max-Eyth-Straße 41 · 71088 Holzgerlingen
Internet: www.scm-verlagsgruppe.de; E-Mail: info@scm-verlagsgruppe.de

Soweit nicht anders angegeben, sind die Bibelverse folgender Ausgabe entnommen:
Neues Leben. Die Bibel, © der deutschen Ausgabe 2002 und 2006
SCM R.Brockhaus in der SCM Verlagsgruppe GmbH Witten/Holzgerlingen
Weiter wurden verwendet:
BasisBibel © 2021 Deutsche Bibelgesellschaft, Stuttgart. www.basisbibel.de
Bibel in gerechter Sprache, Copyright © 2007 by Gütersloher Verlagshaus, Gütersloh, in der Verlagsgruppe Random House GmbH, München (BigS).
Das Buch. Neues Testament, Psalmen, Sprichwörter – übersetzt von Roland Werner,
© 2022 SCM R.Brockhaus in der SCM Verlagsgruppe GmbH, Holzgerlingen.
Lutherbibel, revidiert 2017, © 2016 Deutsche Bibelgesellschaft, Stuttgart (LUT).

Gesamtgestaltung + Illustrationen: Franka Röhm, Lenningen (www.frankadesign.studio)
Bildnachweis: unsplash.com/ Stephanie Harvey, Pascal Debrunner, Derick Mckinney, Kelly Sikkema, Daria Shevtsova, Sixteen miles out, Georgia de Lotz, Arnel Hasanovic, Daniel Chekalov, Guru Lens, Florian Schmetz, Mario Mendez, Deborah Diem, Gabrielle Maurer, Micheile Henderson, Olena Ostroverkh, Nick Fewings, Ildiko Szabo, Rach Teo, Natalya Letunova, Emma Dau, Sergi Dolcet Escrig, Tabitha Turner, Austin Curtis, Anton Sharov ; pexels.com/ minan1398, Karolina Grabowska, Pervane Mustafa27, pixabay.com.
Titelseite-Icons: freepik.com/ kjpargeter, rawpixel
Druck und Verarbeitung: Dimograf
Gedruckt in Polen
ISBN 978-3-7893-9931-2
Bestell-Nr. 629.931

Melanie Carstens (Hrsg.)

STELL
DIR VOR,
*es ist*
*Alltag,*
UND DU
FREUST DICH
DRAUF

Gott im ganz normalen Leben finden

# Inhalt

# Vorwort

»Und – wie läuft dein Alltag gerade so?« – »Eigentlich ziemlich normal«, antworte ich. Was sich auf den ersten Blick nach einer ziemlich langweiligen Aussage anhört, empfand ich längere Zeit als eine ganz fantastische Zustandsbeschreibung! Denn »normal« bedeutete, dass gerade nicht »Land unter« war. Kein Kind war krank, mir selbst ging es ebenfalls gut, das Auto musste nicht schon wieder in die Werkstatt und bei der Arbeit waren gerade auch keine kurzfristigen Projekte zu erledigen.

Seit einiger Zeit merke ich allerdings, dass mir »ziemlich normal« auf Dauer doch nicht genügt. Natürlich ist die Abwesenheit von Katastrophen schön. Und es ist auch wunderbar, wenn alle derzeitigen Herausforderungen gut zu bewältigen sind. Aber damit ich meinen Alltag nicht nur »normal«, sondern auch »schön« finde, brauche ich definitiv auch ein paar positive Highlights.

Damit ich nicht darauf angewiesen bin, dass die zufällig passieren, plane ich sie ganz bewusst ein. So stehen in meinem digitalen Kalender neben den blau gefärbten Arztterminen und den lila Terminen für mein Ehrenamt immer auch ein paar schöne lachsfarben markierte Termine, auf die ich mich freuen kann: Ein für mich alleine freigehaltener Sonntagnachmittag mit dem neuen Buch auf dem Sofa. Eine Verabredung zum Frühstück mit einer guten Freundin. Eine Reservierung für den neuen Kinofilm, der so gute Kritiken bekommen hat. Ein entspannter Abendspaziergang um den nahe gelegenen See.

Dank der ehrlichen Einblicke und inspirierenden Tipps in diesem Buch, bin ich gerade sogar noch motivierter, meinen Alltag bewusst wahrzunehmen und zu gestalten. Denn was für eine Verschwendung wäre es doch, dieses schöne Leben, das Gott mir geschenkt hat, nicht zu genießen!

## Melanie Carstens
### Chefredakteurin JOYCE

**„** Glücklich bist du,
WENN DU
HERAUSFINDEST,
dass das
Leben gut ist,
WEIL ES GENUG IST.

Kate Bowler und Jessica Ritchie **"**

Debora Kuder

# WAS MEIN LEBEN schön macht

Vor neun Jahren kam ich von einer Dienstreise aus den USA zurück. Mein Herz war voll von Vom-Winde-verweht-Südstaaten-Eindrücken und herzlichen Begegnungen mit Kollegen aus aller Welt. Ein Wintersturm hatte den Trip auf neun Tage verlängert, außerdem wurde der Rückflug über Chicago umgeleitet. Dadurch war noch ein Abstecher an einen Ort drin, an dem ich bisher noch nicht war. Und auf dem Rückflug saß ich neben einer Frau, deren Geschichte und Lebenseinstellung mich bis heute inspiriert.

Als ich nach dem Nachtflug mit meinem klappernden Rollkoffer in unsere Straße einbog, blickte ich meiner eigentlichen Lebensrealität ins Auge: grauer Januarhimmel. Mülltonnen auf der Straße. Geschrei, das vom Kindergarten nebenan herüberwaberte. Schluck. »I am bracing myself«, dachte ich. Ich musste mich für das wappnen, was gleich wieder losging und wovon ich anderthalb Wochen Abstand gehabt hatte: Alltag.

Ein paar Jahre später saßen wir als drei beste Freundinnen im Garten von Mirjam. Sie war gerade von ihrer Dienstreise aus Tel Aviv zurückgekommen und hatte den Trip ähnlich genossen wie ich meinen damals. »Aber wisst ihr was«, sagte sie mit strahlenden Augen: »Ich wusste die ganze Zeit, dass mein Platz genau hier ist. Mit euch. In unserem Viertel.« Sie hatte – wie fast immer – recht.

Denn sosehr ich es liebe, im Ausland zu sein – mein Leben spielt sich hier ab. Im Münchner Norden. In einer Wohnung, die ein Zimmer mehr wirklich gut gebrauchen könnte. Mit einem Wäscheständer im Dauereinsatz, der ständig im Weg herumsteht. Mit Brotdosenfüllen und Spülmaschineausräumen am Morgen, Erinnerungen an Hausaufgaben und Klavierüben am Nachmittag und Aufrufen zum Zähneputzen am Abend. Aber auch mit guten Beziehungen. Mit selbst gebackener Aprikosen-Lavendel-Tarte im Schrebergarten von Freunden und einem Sundowner mit Blick über die Stadt.

Dieses Bewusstsein für die schönen Momente im Alltag hat viel mit unserem Open Diary zu tun – einem schlichten Plakat in A0-Größe, das bei uns im Flur hängt. Für jeden Tag des Jahres hält es vier Zeilen bereit. Und darauf schreiben wir und kleben wir alles, was uns in diesem Jahr beschäftigt. Fürs Tagebuchschreiben bin ich abends zu müde, fürs Scrap-Book-Gestalten zu unbastelig und fürs Aufbewahren von Erinnerungsstücken ist die Wohnung zu klein – aber Open Diary, das bekomme ich hin. Mittlerweile sind wir Profis darin geworden, Flyer, Visiten- und Postkarten zu hamstern, Eintrittskarten und Zugtickets aufzuheben und Geeignetes auszuschneiden und aufzukleben.

Oft werfe ich im Vorübergehen einen Blick darauf, was wir alles erlebt haben. Klar, die Wochenenden und Urlaubswochen sind vollgepackter als normale Werktage. An manchen Werktagen klebt oder steht da gar nichts. Auch von meinen ständig wiederkehrenden Haushaltstätigkeiten ist hier nichts zu sehen, obwohl sie viel von meiner Zeit in Anspruch nehmen. Aber neuerdings klebe ich manchmal auch Schnipsel mit Erinnerungen an das auf, was anstrengend oder enttäuschend war. Denn auch solche Momente gehören zu meinem Leben dazu. Erschöpfung. Durchhaltezeiten. Krankheiten. Misserfolge.

Mir ist klarer geworden, was mein Leben schön macht. Es hat mit Meilensteinen zu tun – Geburtstagen, Jahrestagen, Abschieden, Neuanfängen. Mit Gemeinschaft, mit Gottesdiensten, mit Musik. Und oft mit Essen: Georgische Khinkali, aus denen der heiße, würzige Saft beim Abbeißen in meinen Mund läuft. Scharfe, uighurische handgezogene Nudeln. Vietnamesische Frühlingsrollen, die ich bei wirklich jedem Wochenendbesuch in meiner schwäbischen Heimat auf dem Wochenmarkt esse. Blättriges jemenitisches Fladenbrot, getaucht in noch brodelnde Bohnen im Steintopf.

Das Open Diary hilft mir dabei, die Momente meines Lebens besser festzuhalten. Gleichzeitig habe ich festgestellt, dass ich dadurch auch bewusster als vorher plane. Ich möchte ja ein volles, buntes Leben. Und ich habe festgestellt: Mein Leben passiert mir nicht einfach nur. Klar, vieles wird von außen gesteuert. Aber ich kann es trotzdem gestalten. Und in einen Tag voller öder Pflichten kleine Auszeiten oder kurze Begegnungen einbinden. Oder offen für eine spontane, unvernünftige Aktion sein.

Und noch etwas tut meinem Alltag gut, auch wenn ich eigentlich kein strukturierter Mensch bin: gute Rituale. Seit ein paar Jahren steht jeden Dienstagabend ein ökumenisches Abendgebet in meinem Kalender. Dafür treffen wir uns als Christen aus der Nachbarschaft im Wohnzimmer und beten das Nachtgebet des Klosters Gnadenthals miteinander. Der Mittelteil der Liturgie bietet Platz für freie Gebete – für unser Viertel, unsere Kinder und einfach für das, was uns gerade beschäftigt. Anfangs fand ich die gesungenen Liturgieteile gewöhnungsbedürftig. Mittlerweile finde ich das vorgegebene Gerüst, an dem wir uns zu später Stunde entlanghangeln können und für das niemand etwas vorbereiten muss, sehr erfrischend.

Kate Bowler und Jessica Ritchie schreiben in ihrem Buch »Gut genug!« einen »Segen für das Leben, das du hast«: »Glücklich bist du inmitten all der ganz normalen kleinen Dinge, aus denen dein Leben gerade zusammengesetzt ist. (...) Mögen diese geliebten Dinge noch schöner scheinen, noch köstlicher, weil sie Geschenke sind, die wir immer wieder bekommen. Mögest du von Dankbarkeit erfüllt sein, die alle Hohlräume in deinem Inneren ausfüllt, die von so mancher Enttäuschung begründet sind. Möge etwas in deinem Herzen aufgehen, das sich wie eine seltsame neue Art von Zufriedenheit anfühlt. (...) Glücklich bist du, wenn du herausfindest, dass das Leben gut ist, weil es genug ist.«

Welche Dinge machen dein Leben schön? Woran erinnerst du dich im Rückblick gern, was macht dir Freude? Das können auch Kleinigkeiten sein. Achte mal bewusst darauf – und plane dann solche Dinge gezielt in deinen Alltag ein.

**ALLES LEBENDIGE IST AUSDRUCK VON GOTTES** *fruchtbarer Schöpferkraft.*

C. S. Lewis

Sandra Geissler

# ZWEI BESONDERE Erbstücke

Als ich ein kleines Mädchen war, brachte mir meine Mutter zwei Dinge bei, die mich bis heute begleiten. Ich fürchtete mich damals sehr vor der Schule, vor all den fremden Kindern und der sehr strengen Lehrerin. Außerdem bezweifelte ich schon in den ersten Tagen nach der Einschulung, dass ich jemals erlernen würde, was anderen scheinbar ganz leicht von der Hand ging. Vor Kummer wurde ich ganz krank und sie, von der pragmatischen und lösungsorientierten Sorte, holte eine uralte Fibel vom Speicher und brachte mir innerhalb weniger Stunden das Lesen bei. Was für ein Geschenk! Ich kehrte nicht nur gesund in die Schule zurück und brauchte mich nur noch vor Mathe zu fürchten, nein, ich konnte lesen! Von da an entbrannte in mir ein Heißhunger auf Geschichten, Erzählungen und dicke Wälzer, auf all die Welten, die sich gleichsam mit den Buchdeckeln öffneten. Bis heute ist das Lesen eine meiner liebsten Beschäftigungen, kein Tag, an dem ich es nicht tue. Ich würde es, ohne zu zögern, in eine Schublade mit anderen Lebensnotwendigkeiten wie Atmen, Essen und Schlafen legen. Lesen gehört zu meinem Alltag.

Zum Zweiten brachte meine Mutter mir an einem regnerischen Nachmittag das Stricken bei. Vielleicht bin ich ihr einfach entsetzlich auf den Geist gegangen, vielleicht war gerade kein Buch mehr zur Hand, aber ich vermute, dass es ihr tatsächlich eine Herzensangelegenheit war. Das Stricken war ihr liebstes Hobby, dem sie quasi ohne Unterlass nachging. Sie strickte Jacken, Pullunder und Pullover, komplizierte Zopfmuster und dicke Norwegerjacken. Was immer ihr der Alltag und das Leben vor die Füße warfen, sie begegnete ihm mit einer Tasse schwarzem Kaffee und ein paar klappernden Stricknadeln. Mit erstaunlicher Langmut und Geduld legte sie dem kleinen Mädchen Nadeln und Faden in die Hände, fing immer und immer wieder verloren gegangene Maschen auf, führte die klebrigen Kinderfinger und ließ Löcher verschwinden, die aus dem Nichts aufzutauchen schienen. Nicht lange und ich schaffte einen ersten Schal, einen Puppenpullover, ein echtes Kleidungsstück. Und auch wenn ich es nie zu ihrer Kunstfertigkeit bringen werde, so hat sie mir doch ein besonderes Erbe hinterlassen. Wann immer mir der Alltag um die Ohren fliegt, wann immer mir das Leben alles abverlangt und ich den Eindruck habe, dass alle meine Anstrengungen vergebene Liebesmüh sind, greife ich zu meinem Strickzeug. Ehrlich gesagt, ist es fester Bestandteil meines täglichen Lebens. Faden schlingt sich um Faden, Masche in Masche, meine Hände und Finger bewegen sich in stiller Eintracht. Meine Gedanken, die viel zu oft kreisen oder wie wilde Füllen umeinander springen, sammeln sich und kommen zur Ruhe. Im gleichen Augenblick entsteht etwas Sichtbares. Reihe um Reihe, Zentimeter für Zentimeter, bis ich schließlich ein fertiges Stück in den Händen halte. Ich kann die Geschicke der Welt nicht lenken, noch nicht einmal die meiner eigenen kleinen Welt, aber ich kann selbstwirksam und schöpferisch tätig sein. Der Mensch, geschaffen als Abbild eines schöpferischen Gottes, ist selbst ein schöpferisches Wesen. Darin liegt eine unwahrscheinliche Kraft, die uns die Herausforderungen des Alltags besser meistern lassen. Nun bekommt ja nicht jeder die Kunst des Strickens vererbt. Doch die Möglichkeiten, etwas mit den eigenen Händen entstehen zu lassen, sind schier endlos. Ein Brot backen, Farbe auf Papier bringen, die Finger in Erde graben, etwas reparieren – was auch immer dir deine innere Ruhe schenkt und Schöpferkraft in dir freisetzt. Ich liebe es, diese Kraft in meinem Alltag zu nutzen und mich von ihr tragen zu lassen.

Jeden Morgen, in aller Frühe, laufe ich eine große Runde durch die immer gleichen Weinberge hinter unserem Haus. Jeden Morgen werde ich dadurch der Schöpferkraft Gottes gewahr. Sie entfaltet sich im Sonnenaufgang und im Rhythmus der Jahreszeiten, sie lässt Trauben wachsen und Schneeflocken tanzen, manchmal muss ich mich durch den Regen kämpfen oder darf mir den lauen Wind um die Nase wehen lassen. Es fasziniert mich, dass es diese Kraft ist, die auch in mir lebendig sein will. Weil sie mich geschaffen hat, weil sie mich schaffen lässt.

Ich pflege meine Erbstücke gut, das Lesen und das Stricken, denn sie tragen mich immer wieder durch wilde Zeiten, durch einen schnöden Mittwoch, durch alle Tage. Sie verbinden mich über den Tod hinaus mit der, die es mir beibrachte, deren Stimme ich im Ohr habe, wenn ich Masche in Masche schlinge, und sie verbinden mich mit der großen Kraft dessen, der alles erschaffen hat.

**Wo und wie erlebst du Schöpferkraft und Kreativität? Das muss weder künstlerisch noch handwerklich sein. Vielleicht fallen dir auf Anhieb Tätigkeiten ein, die dir Freude machen und Ruhe geben – dann baue sie regelmäßig in deinen Alltag ein. Und wenn dir nichts einfällt, dann starte ein Experiment und probiere einfach Neues aus.**

,,

DU BIST,
*was du tust,*
ANBETEST, LIEBST.
*Was du liebst,*
ZEIGT SICH AN
*deinen Gewohnheiten,*
UND DURCH DEINE
GEWOHNHEITEN
*stärkst du,*
*was du liebst.*

,,

Hanna Löffler

# KLEINE GEWOHNHEITEN –
## große Wirkung

Mein Alltag besteht zum großen Teil aus routinierten Abläufen, über die ich nicht nachdenke und die erst mal recht langweilig klingen: Aufstehen, Badezimmer, Frühstück. Nach dem Mittagessen genieße ich meinen Powernap. Am Laptop lese ich zuerst meine E-Mails und wenn ich mit meinen Aufgaben nicht weiterkomme, öffne ich Instagram, um mich mit etwas Leichtem zu beschäftigen.

Routinen und Gewohnheiten sind einfach da, oft unbewusst, und sie umfassen alles, was man regelmäßig und automatisch tut. Sie strukturieren meinen Alltag und entlasten mich, weil ich nicht immer wieder neu entscheiden muss, was ich als Nächstes tue.

Das Spannende an Routinen ist, dass sie mir ganz viel über mich selbst erzählen. Darum lohnt es sich, einen genaueren Blick auf sie zu werfen. Die anglikanische Pastorin Tish Harrison Warren beleuchtet die Bedeutsamkeit von Routinen in einem wechselseitigen Sinne[1]. Zum einen spiegeln meine Routinen wider, wer ich bin und was mir wichtig ist. Sie sind dabei aussagekräftiger als gut formulierte Überzeugungen oder Weltanschauungen: Was ich regelmäßig tue, offenbart, was mir wichtig ist, was ich liebe, was ich verehre.

Zum anderen formen mich meine Routinen. Mein Herz und mein Denken werden von dem geprägt, was ich wieder und wieder und wieder tue. Meine Routinen führen mich in eine Richtung, sie bringen mich an ihr logisches Ziel. Von der Neurobiologie lernen wir, dass neue Synapsen durch Wiederholungen gebildet und gestärkt werden. Durch Wiederholung fallen wir immer wieder in die gleichen Muster zurück, in stärkende wie schadende. Im Sport erleben wir, dass wiederholtes und andauerndes Training eine bessere Läuferin aus uns macht. Wir werden jeden Tag, ob wir es wissen oder nicht, durch Gewohnheiten, Routinen, Rituale oder Liturgien geprägt, die uns zu dem machen, was wir sind. Wir übernehmen diese Routinen nicht nur von unserer Glaubensgemeinschaft oder der Heiligen Schrift, sondern auch von der Kultur, von dem, was uns umgibt. Routinen haben also eine gestaltende Kraft. Hinter meiner „langweiligen" Alltagsroutine verbirgt sich enormes Potenzial – Potenzial, das mir schaden oder mich stärken kann.

Die Fragen, die ich mir darum immer wieder stelle: Was erzählen mir meine Routinen über mich? Was ist mir wichtig? Helfen mir meine bewussten Routinen dabei, an mein Ziel zu kommen? Welche – oft ungeprüften – Routinen schaden mir auf lange Sicht? Stimmen meine Routinen mit meinen Überzeugungen überein?

Indem ich meinen Morgen in Stille und Gebet verbringe, habe ich ein Ritual entwickelt, das mich für ein bestimmtes Ziel trainiert: Bevor ich etwas tue, darf ich zuerst in Gottes Gegenwart sein. Ich wiederhole täglich im Kleinen die Wirklichkeit des letzten Tages des Schöpfungsberichts, der gleichzeitig der erste Tag des Menschen war. Ich darf Gottes Gnade und Annahme empfangen, bevor ich beginne, etwas zu leisten. Durch meine bewusste, tägliche Routine übe ich mich in Annahme und Gnade.

Und in gleicher Weise: Indem ich immer wieder zwischendurch und vor allem abends vor dem Zubettgehen zum Handy greife, habe ich eine Gewohnheit entwickelt, die mich für ein bestimmtes Ziel trainiert: Unterhaltung und Stimulation durch Technologie. Meine ungeprüfte tägliche Gewohnheit macht mich zu einer Verehrerin leuchtender Bildschirme.

Inspiriert von dem Theologen James K. A. Smith[2] würde ich zusammenfassen: Du bist, was du tust, anbetest, liebst. Was du liebst, zeigt sich an deinen Gewohnheiten, und durch deine Gewohnheiten stärkst du, was du liebst. Wenn ich das auf meinen Glauben übertrage, wird deutlich: Nachfolge ist weniger ein Verstehen und viel mehr ein Tun. Ein Einüben und Angewöhnen von dem, was ich liebe bzw. wen ich liebe – Jesus. Nachfolge hat mehr mit Re-Formation, Neuordnung und Transformation zu tun und weniger mit Information.

Ich möchte gern mehr so werden wie Jesus – deshalb versuche ich, meine Alltagsroutine so zu gestalten, dass sie mich diesem Ziel näher bringt. Meine Routinen werden anders aussehen als deine, denn wie wir unseren Zielen näher kommen, ist abhängig von Lebensumständen, Möglichkeiten bei der Alltagsgestaltung und persönlichen Vorlieben. Traditionelle Tagzeitengebete, ein Abendspaziergang, Slow Cooking am Mittag und selbst das morgendliche Zähneputzen oder das Senden von E-Mails können zu einer bewussten Routine, zu einem Ritual werden, das uns Gnade und Liebe einüben und erfahren lässt.

Schau deine Routinen genauer an und hinterfrage Gewohnheiten – das ist immer ein guter Startpunkt. Nutze ihr stärkendes Potenzial und lass dich und deinen Alltag ganz bewusst von ihnen formen.

**Entdecke das Tagzeitengebet neu: zum Beispiel mit der App LebensLiturgien. Schlicht gestaltet, gibt es morgens, mittags und abends eine kurze Gebetszeit zum Innehalten.**

> **Wir müssen bereit werden,** UNS VON GOTT UNTER-BRECHEN ZU LASSEN.
>
> Dietrich Bonhoeffer

Anne Gorges

# KALTER KAFFEE UND
## nervige Unterbrechungen

Ich fühle den heißen Becher in meinen Händen und der Geruch von frischem Kaffee steigt mir in die Nase. Gerade will ich den ersten Schluck nehmen, als ich ein lautes Rumpeln aus dem Kinderzimmer höre, gefolgt von einem Schrei. Ich stelle die Tasse ab und springe auf. Während ich das weinende Kind noch auf dem Arm habe, klingelt es an der Türe. Als ich mich wieder hinsetzen will, bemerkt mein Sohn, dass er jetzt ganz dringend ein Blatt Papier zum Fliegerbasteln braucht. Also stehe ich wieder auf. Während ich nach Fliegerpapier krame, entdeckt die Kleine meinen Kaffee auf dem Couchtisch und dass man darin wunderbar planschen kann. Mit dem Geschirrtuch in der Hand sehe ich eine Nachricht auf meinem Handy aufploppen, die meine Nachmittagsplanung durchkreuzt. Der Kaffee ist inzwischen kalt.

Wie gerne würde ich einfach mal dasitzen, Pause machen und in Ruhe einen heißen Kaffee trinken. Oder einfach ein paar Minuten am Stück etwas arbeiten, ohne gleich wieder aufzuspringen und von irgendetwas (oder irgendwem!) unterbrochen zu werden. Dabei geht es überhaupt nicht um den Kaffee, sondern vielmehr um ein Gefühl, das mich die letzten Jahre begleitet. Ich habe ziemlich genaue Vorstellungen davon, wie ich mir meinen Morgen, meine Woche und die nächsten fünf Jahre vorstelle, und dann kommt das Leben und rumpelt ordentlich dazwischen. Durch die nächste Erkältungswelle, eine berufliche Veränderung, einen unerwarteten Krankenhausaufenthalt, verlegte Unterlagen, einen dringenden Anruf oder die Platzwunde auf dem Spielplatz. Unterbrechungen, die mich je nach Stimmung ziemlich ärgern oder verzweifeln lassen. Was könnte ich alles ohne diese Unterbrechungen schaffen!

Doch dann bin ich vor einiger Zeit bei dem amerikanischen Autor John Mark Comer[3] auf etwas gestoßen, das mich seitdem nicht mehr loslässt. Er schreibt davon, dass ein großer Teil der Geschichten in den Evangelien mit Unterbrechungen beginnen. Anfangs konnte ich das nicht so recht glauben, doch dann entdeckte ich eine Unterbrechungsgeschichte nach der anderen!

Seitdem übe ich mich im Unterbrechenlassen. *Üben* ist genau das richtige Wort, denn ich merke, wie schwer es mir fällt, meine Pläne stehen zu lassen und ganz bei dem zu sein, der gerade nach mir und meiner Aufmerksamkeit ruft. Aber was, wenn all die kleinen und großen Unterbrechungen in meinem Alltag keine lästigen Störungen wären, die mich am Wesentlichen hindern, sondern Einladungen Gottes? Einladungen, ihm zu begegnen oder seine Liebe weiterzugeben. Frieden zu stiften bei Geschwisterstreit im Kinderzimmer, auf sein Versorgen zu vertrauen, wenn meine Pläne nicht aufgehen wollen, Zeit und gute Worte zu finden für jemanden, der sie gerade braucht, oder einfach ein paar Minuten Stille mit ihm, wenn mir der Bus vor der Nase wegfährt.

Unterbrechungen kommen so oder so, aber was, wenn sie kein Grund mehr wären, mich zu ärgern oder an mir oder meinem Leben zu zweifeln, sondern Möglichkeiten, Gottes liebevolle Zuwendung zu erleben? Das würde meinen Alltag ganz schön reich machen. Denn vielleicht beginnen ja auch die besten Geschichten in meinem Leben mit der Einladung, mich unterbrechen zu lassen. Und für den Kaffee kauf ich mir jetzt einen Thermosbecher.

Die Bibel ist voller Geschichten, die mit Unterbrechungen beginnen.

Maria und Josef, die durch Gottes besonderen Auftrag unterbrochen werden (Lukas 2,1-20).

Die ersten Jünger, die von einem Moment auf den nächsten alles liegen lassen, um Jesus nachzufolgen (Markus 1,16-18; Lukas 5,27-28).

Jesus selbst, der sich immer wieder von Menschen in Not unterbrechen lässt, um ihnen zu begegnen (Matthäus 8,1-4; Matthäus 9,27-31). Wie die blutflüssige Frau, die ihn aufhält, als er auf dem Weg zu einem kranken Mädchen ist (Markus 5,25-34).

Schnapp dir einen Kaffee und fang doch mal an, die Evangelien zu lesen und die Augen nach solchen Unterbrechungsgeschichten offen zu halten.

**DENK DRAN,**
*dass ich dich liebe.*

– Gott

Christine Kernstock

# REMEMBER THAT
## I love you

Der frühen Morgen und ich – uns verbindet eine leidenschaftliche Hass-liebe. Aufzustehen ist definitiv nicht meine Lieblingsbeschäftigung – ich gehöre leider nicht zu den Personen, die morgens voller Elan die Möglichkeiten des neuen Tages begrüßen. Ich bin eher langsam und skeptisch unterwegs. Aber gleichzeitig mag ich diese Zeit, wenn sich die Sonne im Sommer über den Horizont schiebt und im Winter die Straßen-laternen noch warm gelb leuchten. Wenn alles ganz still ist, niemand et-was von mir möchte und die Alltagsaufgaben noch nicht nach mir greifen. Wenn ich am offenen Fenster die noch nachtfrische Luft atmen kann, dann bin ich ganz bei mir – und bei Jesus. Während dieser paar Atemzüge stelle ich mir vor, wie er leise und zärtlich »Guten Morgen, mein Schatz« sagt, und lasse mich innerlich in seine warme Umarmung fallen. Diese frühen Minuten sind für mich zum Sinnbild geworden. Ich mit Schlaf in den Augen, zerwühlter Bettfrisur und nach achtstündigem Kampf mit der Bettdecke nicht gerade nach Rosen duftend. Er liebevoll da. Seine Liebe und Zuwendung hängen nicht an meiner Leistung, meinem Auftreten, meinem Aussehen. Seine Liebe gilt mir, ganz so, wie ich früh am Morgen bin, in all meiner Zerrupftheit und Langsamkeit.

Das zu akzeptieren, muss ich erst lernen. Denn wie viele Leute aus der westlichen Kultur fällt es mir schwer, meinen Wert als Person von meiner Leistung unabhängig zu sehen. Bei Freundinnen und überhaupt bei anderen Menschen, da fällt mir das leicht, aber mein Blick auf mich selbst ist kritischer. Diese frühen Morgenmomente sind ein Übungsfeld für mich. Eine wunderschöne Erinnerung daran, dass die Liebe Gottes zu mir bedingungslos ist. Gottes Liebe ist mein Antrieb für den Tag, nicht die Belohnung, wenn ich einen Tag erfolgreich hinter mich gebracht habe.

Der Prediger und Evangelist Floyd McClung soll jeden Tag mit folgendem Gebet begonnen haben: »Jesus, zeig mir doch noch mal, wie lieb du mich hast.« Ich habe mir dieses Gebet, leicht abgeändert, mit Kreidestift auf mein Fenster gemalt: »Remember that I love you« – »Denk dran, dass ich dich liebe«, steht da jetzt. Jesu persönliche Nachricht an mich. Also versuche ich, daran zu denken. Und weil ich über den Tag hinweg doch dazu neige, das zu vergessen, habe ich kleine schriftliche Erinnerungen an unterschiedlichen Orten deponiert: in meinem Kalender, an der Pinnwand und gegenüber vom Klo. Diese kleinen Erinnerungen holen mich emotional zurück zu den ersten Minuten des Tages, sie holen mich zurück in die Umarmung von Jesus und schaffen in mir Raum zum Atmen und zum Sein. Das klappt manchmal gut und manchmal gar nicht. Da geht es mir wie vielen Menschen. Ich kenne wenige Personen, die das können – sich einfach (von Gott) lieben lassen. Die Einzigen, die ich kenne, sind unter drei Jahre alt.

Aber ich glaube, Jesus konnte es: Er konnte aus kleinen Momenten mit dem Vater Ewigkeiten machen und ganz aus dessen Gegenwart und Kraft leben und handeln. Er wusste sich durch und durch geliebt, gesehen und angenommen. Ich bin davon überzeugt, dass uns als Nachfolgern von Jesus das gleiche Privileg offensteht – auch wenn mein eigener Alltag in der Regel ernüchternd weit davon entfernt ist. Aber manchmal klappt es eben doch. Und diese Momente sind mir wertvoll. Sie sind gleichzeitig Geschenk und Ermutigung, dranzubleiben und zu üben. Ich übe, mich lieben zu lassen. Und Schritt für Schritt werde ich darin besser.

Wie kannst du dich über den Tag hinweg erinnern, dass du von Gott gesehen und über alles geliebt wirst?

Verstecke dir kleine Erinnerungen, zum Beispiel als Hintergrund auf Smartphone oder Desktop, als Spruch im Kalender oder als Haftzettel am Spiegel. Wenn du es ästhetisch magst, dann gestalte kleine Erinnerungskärtchen. Die eignen sich auch gut zum Verschenken an liebe Menschen, damit auch diese eine kleine Erinnerung im Alltag haben.

ICH WILL DIR DEN WEG ZEIGEN,
DEN DU GEHEN SOLLST.
*Ich will dir raten
und dich behüten.*

Psalm 32,8

Luise Smale

# SCHRITTE
## wagen

Wenn ich in meinem Instagram-Feed nach »Alltag« suche, ploppen bei mir hauptsächlich die Inhalte »Stress reduzieren«, »gesünderes Essen kochen« und »unser Alltag ist ihre Kindheit« auf. Nett ist es in meinem Instagram-Alltag schon. Aber manchmal auch ziemlich dogmatisch. Weniger Kalorien, mehr Sport, hier eine schnell umsetzbare Bastelidee, wenn du mit deinen Kindern in den Wald gehst – ach, und trink bitte zwei bis drei Liter täglich, am besten aus einer riesigen Flasche.

Ich bin auf Social Media ständig mit den lebensverändernden Alltagshacks konfrontiert, die für andere so gut funktionieren und augenscheinlich mit Leichtigkeit umsetzbar sind. Unser Alltag als Familie ist aber geprägt von den Absprachen zwischen zwei erwerbstätigen Elternteilen, den Terminen von allen Familienmitgliedern, die oft mit Fahrtwegen verbunden sind, und Kindern, die Bedürfnisse haben. Mein Alltag ist durch und durch eingerahmt von den Verpflichtungen, die ich gerne eingegangen bin, und jenen, die ich durch bewusste Entscheidungen in Kauf genommen habe. Von dem Satz »Unser Alltag ist ihre Kindheit« bekomme ich Schweißausbrüche – und das, obwohl ich Pädagogin bin. Denn damit verbinde ich die immense Anstrengung, immerzu etwas Schönes kreieren zu müssen, jeden Moment nutzen zu sollen und bloß nie einfach nur müde im Auto zu sitzen und keine Lust mehr zu haben.

Wenn ich aber ehrlich bin, sitze ich ziemlich oft müde im Auto und habe keine Lust mehr, denn mein Alltag raubt mir manchmal alle Kraft. Er ist segensreich und wunderschön. Aber ich verliere mich auch in ihm und er fordert alles von mir. Der momentane Alltag als Mutter von kleinen Kindern ist, ohne Zweifel, die anstrengendste Lebensphase, die ich bisher erlebt habe.

Nicht bei jedem ist diese Erschöpfung die Konsequenz, die mit einer Entscheidung für etwas in Kauf genommen wurde. Mir fällt zum Beispiel auch ein Job ein, der viel Kraft fordert – auf emotionaler oder auch körperlicher Ebene. Eine Wohnsituation, die nicht nur positiv erlebt wird, weil dort etwa noch renoviert werden muss oder vorher von einem geliebten Ort Abschied genommen wurde. Freundschaften, in die viel investiert wurde und in denen dennoch immer wieder auch Distanz ertragen werden muss. Eine Ehe, die nach vielen schönen Stunden nun schwere Zeiten durchmacht. Gemeindedienst, der Woche für Woche Kraft kostet, unscheinbar im Stillen geschieht oder bei dem die Wertschätzung fehlt. Es gibt so viel in unserem Leben, was uns unmittelbar keine Freude bereitet, sondern eben durch ein einst freudiges Ja in Kauf genommen wurde. Ich möchte an dieser Stelle aber auch anmerken, dass ich überzeugt davon bin, dass es ebenso sehr gesunde Neins geben darf – das hier ist kein Plädoyer fürs Durchhalten um jeden Preis.

Ich glaube aber, dass es lohnend ist, sich immer mal wieder auf diese freudigen Jas am Anfang unserer Entscheidungen zu besinnen und ganz bewusst den Segen zu spüren, der aus ihnen fließt. Die Freude darüber, einen lieben Ehemann gefunden zu haben, Kinder willkommen heißen zu dürfen, endlich eine größere Wohnung oder einen neuen Job gefunden zu haben. Freundschaften zu leben und einer Gemeinde anzugehören. Jedes unserer freudig gegebenen Jas zieht Arbeit nach sich. Ich lebe jedoch in der festen Überzeugung, dass wir uns nicht lähmen lassen dürfen, von dem, was wir zu tun haben. Genauso wenig wie unsere Sorgen uns am Träumen und Wagen hindern sollten, dürfen wir zulassen, dass die Anstrengung uns so sehr lähmt, dass wir uns nicht mehr trauen, die Schritte zu gehen, die Gott noch vor uns legen möchte.

Beruflich beschäftige ich mich mit dem Alltag pädagogischer Fachkräfte und darf mir hier überlegen, wie sie sich immer wieder auf Neues einlassen können und was für diese neuen Herausforderungen nötig ist. Es geht darum, Menschen aus ihren Komfortzonen zu locken und die Trägheit, die im Alltag so schnell entsteht, zu durchbrechen – und das Feedback dabei ist immer wieder, dass diese kleinen Stupser als wohltuend erfahren werden. Und auch in meinem Leben gibt es Beispiele dafür, wie gut ein neues Ja tun kann. Ich habe nämlich vor etwa einem Jahr begonnen, regelmäßig Sport zu machen, der Anstoß war nach einem langen Krankheitswinter ein gutes Angebot für das Fitnessstudio in unserem Dorf. Aber eigentlich war das auch so ein Stupser von Gott. Ein Stupser, mal wieder mehr zu wagen und neue, stärkende Routinen zu etablieren! Und natürlich war und ist das anstrengend – vor allem bevor ich losgehe, denn ich muss mich überwinden und überhaupt die Zeit dafür freischaufeln. Mir geht es aber seitdem besser und ja, ein bisschen sehe ich sogar meinen Alltag mit neuen Augen. Denn inzwischen fehlt mir was, wenn ich nicht losgehe – und das hätte ich noch vor einem Jahr wirklich für ganz und gar unmöglich gehalten.

Auch wenn es Kraft kostet – da ist noch so viel mehr, was vor uns liegt, da sind so viele Stupser, die Gott uns geben will. Lasst es uns wagen, trotz aller Anstrengung immer mal wieder auch ein neues Ja zu sagen!

Bei meiner Konfirmation wurde ein Lied gesungen, das mich seitdem bei diesem Thema begleitet. Es passt einfach, auch wenn es vom Stil nicht so richtig der Musik entspricht, die ich sonst höre. Ich spreche es mir in Momenten, in denen etwas gewagt werden will, manchmal selber zu, und ich ermutige dich, es dir mal anzuhören – vielleicht bekommst du auch so einen lebenslangen Ohrwurm davon wie ich!

Clemens Bittlinger
**Schritte wagen**

**Schritte wagen im Vertraun auf einen guten Weg.**
**Schritte wagen im Vertraun, dass letztlich er mich trägt.**
**Schritte wagen, weil im Aufbruch ich nur sehen kann:**
**Für mein Leben gibt es einen Plan.**

ALLES, WAS IHR TUT,

*geschehe in Liebe.*

1. Korinther 16,14

# WAS MACHE ICH hier eigentlich?

Wenn ich außer Haus arbeite, zum Beispiel in der Schule, in der ich Englisch unterrichte, dann weiß ich am Abend genau, was ich getan habe: eine Schar unterschiedlich motivierter Kinder dazu bewegt, englische Grammatik zu büffeln, Wörter auswendig zu lernen und Sätze in einer Sprache zu sprechen, die für sie fremd ist. Wenn ich nach getaner Arbeit nach Hause fahre, fühle ich mich dankbar. Wieder eine Lektion abgeschlossen, wieder ein Häkchen hinter Vokabeln und Grammatik gesetzt.

Einen großen Teil meiner Woche bin ich zu Hause. Hier erledige ich den Haushalt, ich koche, verbringe Zeit mit meinen Kindern, studiere, schreibe und backe. Alles wunderbare Tätigkeiten. Und trotzdem kommt manchmal dieser Gedanke: Was tue ich hier eigentlich? Tag für Tag gehe ich durch alle Zimmer, lüfte und mache die Betten. Ich wische mit dem Lappen über Waschbecken und WC. Ich räume auf und räume wieder auf. Dann koche ich und mache danach die Küche sauber.

So weit, so gut.

Es ist nicht nur die Kleinkinderzeit, in der die Absehbarkeit des Alltags manchmal die Freude rauben will. Auch mit größeren Kindern gibt es diese Momente. Ich glaube tatsächlich, dass nicht unser Alltag darüber entscheidet, ob die Frage »Was tue ich hier eigentlich?« in uns brennt. Ob ich Mutter bin oder nicht, außer Haus arbeite oder zu Hause – das Leben besteht zu einem großen Teil aus wiederkehrenden Abläufen. Und auch wenn wir diese grundsätzlich mögen, glaube ich, dass wir immer wieder Ermutigung brauchen.

Ermutigung von außen.

Kürzlich habe ich eine Freundin getroffen. Sie hat Kinder im ähnlichen Alter wie unsere, und natürlich tauschten wir uns über Familiendinge aus. Zum Schluss sagte sie unvermittelt: »Hey, wir prägen eine Generation mit!«

Wir weisen unsere Kinder zurecht, wir kochen Essen, das mindestens eine Person nicht mag, wir putzen hinter den anderen Familienmitgliedern her – und wir prägen dabei eine Generation mit? Wir haben Anteil daran, wenn junge Menschen verantwortungsbewusste Entscheidungen treffen? Es ist mit unser Verdienst, wenn aus tobenden, rot angelaufenen Wutbündeln liebevolle Freizeitmitarbeitende werden? Diese Aussage hat mich nachhaltig ermutigt und zum Nachdenken gebracht. Nicht über diese große Aufgabe, die ich persönlich vollbringe – auch wenn die Aussage meinen Blick auf das, was ich tue, verändert hat – sondern über die Wichtigkeit, ja die Notwendigkeit von gegenseitiger Ermutigung!

Für mich persönlich ist es der Blick aufs große Ganze, der mich nachhaltig ermutigt. Für dich ist es vielleicht eine tröstende Umarmung. Die Bestätigung, dass du gesehen wirst. Dass Gott da ist – mitten in deinem Alltag, beim Abfallentsorgen, beim Abwaschen, beim Badputzen.

Paulus schreibt an die Thessalonicher:

»Denn Gottes Bestimmung für uns ist [...], dass wir in allen Bereichen unseres Lebens Gottes Erlösung erleben durch Jesus, den Messias, unseren Herrn. Er hat für uns den Tod auf sich genommen, sodass wir [...] ohne Unterbrechung mit ihm leben. Deshalb ermutigt einander!«

1. Thessalonicher 5,9-11, (Das Buch)

Gottes Bestimmung ist es, dass wir in ALLEN Bereichen seine Erlösung erleben. Es geht definitiv nicht um den Sonntagmorgen, falls deine Gemeinde da überhaupt noch Gottesdienst feiert, sondern ums Hier und Jetzt, den Montagmorgen mit allen To-dos und den Freitagabend beim Ausspannen mit Freunden. Der Alltag – der wunderbare und manchmal so monoton dröge.

Ich brauche Ermutigung, aber ich will auch selbst eine Ermutigerin für andere sein. Indem ich andere daran erinnere, was das große Ziel ist, erinnere ich mich selbst daran und mein Blick hebt sich. Indem ich anderen eine tröstende Umarmung schenke, werde ich selbst umarmt. Wenn ich andere daran erinnere, wie wertvoll sie sind, dann freue ich mich am meisten über ihre Freude. Wir sind nicht dazu da, allein durchs Leben zu gehen. Wir mögen das unangenehm finden oder kränkend, aber wir brauchen einander. Dringend!

Vielleicht hast du bereits Gleichgesinnte, die mit dir unterwegs sind. Tausche dich als Mutter mit anderen Müttern aus – aber sei weise genug, diejenigen zu wählen, die aus der himmlischen Perspektive zu sehen und zu sprechen vermögen! Klagen ist schön, aber wenn es nur beim Klagen bleibt, zieht es herunter, statt den Raum für die himmlische Perspektive zu eröffnen! Manchmal haben wir Kraft, das für andere zu tun – die himmlische Perspektive zu öffnen –, manchmal brauchen wir selbst jemanden, der das für uns tut.

> **Sei ermutigt,**
> **DIR DIESE LIEBE**
> **IMMER WIEDER** *neu schenken*
> **ZU LASSEN VON DEM,**
> *der die Liebe selbst ist.*

→ Schreibe dir eine Tätigkeit aus deinem Alltag auf – vielleicht diejenige, die du am wenigsten magst. Nun frage Gott, was du damit bewirkst. Zeichne oder schreibe, was du hörst oder fühlst.

→ Überlege: Welche ermutigenden Weggefährtinnen hat Gott dir zur Seite gestellt?

→ Schenke dir selbst Blumen, um deine Freundschaft mit Gott zu feiern, mitten im Alltag.

→ Mach eine Atempause – ein paar Minuten. Schaue aus dem Fenster oder sitze einfach da.

→ Schreibe einer Freundin eine WhatsApp – oder schicke eine Sprachnachricht – um ihr für ihre Freundschaft zu danken.

→ Schreibe eine Postkarte mit einem Kompliment. Lass dich dabei vom Heiligen Geist inspirieren.

→ Geh in einen Laden und bitte den Heiligen Geist, dir ein Geschenk für eine Freundin zu zeigen. Dann kaufe es und schenke es ihr zusammen mit einem Segen.

EURE SEELE WIRD BEI MIR
zur Ruhe kommen.

Matthäus 11,29

# Ein Jesus-Lifestyle

»Bist du ausgebrannt?« Ich schaute in die grünen Augen meines Mannes und merkte, dass mich seine Frage getroffen hat. »Nein«, sagte ich bestimmt. »Ich hoffe nicht«, ergänzte ich etwas leiser. Seine Frage war durchaus berechtigt, schließlich kauerte ich gerade auf dem Boden und Tränen liefen mir über mein Gesicht. Ich weiß nicht einmal mehr, warum ich so dasaß. Irgendwas war beim Abendessen schiefgelaufen, ein verkochter Reis oder eine fehlende Zutat. »Bitte lass mich nicht ausgebrannt sein«, betete ich flüsternd. »Ich habe keine Zeit für eine Auszeit.« Natürlich wusste ich, dass ein Burn-out nicht fragt, ob man gerade Zeit für ihn hat.

Dabei arbeitete ich doch schon länger auf einen Alltag hin, in dem Jesus bedeutsam ist und der von seiner Ruhe geprägt wird. Ich räumte mir kleine Dates mit Jesus ein: ein Kaffee am Morgen oder eine Lobpreiszeit nach dem Mittagessen. Ich las ein paar Sätze in der Bibel und ging dann zurück in meinen gehetzten Alltag. Und es war verrückt, wie schnell ein anstrengender Kunde, eine versalzene Suppe oder ein bisschen Reizüberflutung in den sozialen Medien mein Innerstes wieder in ein aufgewühltes Meer verwandelte. Ein tosendes Meer, in dem man zu versinken droht.

Ich fragte mich, wie Jesus eigentlich mit all den Erwartungen, Aufgaben und Anforderungen umgegangen ist. Ständig zuppelte man ihm doch am Gewand, wünschte Heilung oder ein Gespräch. Oft stand er in großen

Menschenmengen, er wurde beobachtet, wo er auch hinging, und er sagte Dinge, von denen nicht alle Menschen begeistert waren. Was war das Geheimnis? Ich suchte Antworten im Matthäusevangelium.

In Matthäus 11,28-30 machte Jesus mir dann ein Angebot, das ich einfach nicht ablehnen konnte:

»Kommt alle her zu mir, die ihr müde seid und schwere Lasten tragt, ich will euch Ruhe schenken. Nehmt mein Joch auf euch. Ich will euch lehren, denn ich bin demütig und freundlich, und eure Seele wird bei mir zur Ruhe kommen. Denn mein Joch passt euch genau, und die Last, die ich euch auflege, ist leicht.«

Das Bild mit zwei Zugochsen, die mit einem Joch miteinander verbunden sind, fasziniert mich seitdem. Jesus sagt uns damit, dass ein Leben in seiner Abhängigkeit und im Gleichschritt mit ihm Ruhe geben wird. Alles an mir muss fest mit ihm verbunden sein. Was bringt mir also ein Kaffee-Date am Morgen, wenn ich doch im nächsten Augenblick wieder ohne Jesus loslaufe? Was soll ich erwarten, wenn ich in einem ständigen Wettlauf gegen meine eigenen Ansprüche bin? Wie soll ich meinen Lebensmarathon absolvieren, wenn die Themen der Welt wie ein schweres Stück Holz auf meinen Schultern lasten? Ist Jesus nicht genau dafür an zwei gekreuzten Holzbalken für mich gestorben? Ist es nicht diese Tat, die sein leichtes Joch von dem schweren Joch der Welt unterscheidet?

Jesus lädt mich mit seinen Worten auch ein, von ihm zu lernen und mich seiner Geschwindigkeit anzupassen. Quasi seinen Lifestyle zu adaptieren. Die Bibel ist voller Ideen, wie dieser Lebensstil aussehen soll. Und plötzlich darf ich all das, was mich vor lauter Verantwortung zu erdrücken schien, wieder lieben und genießen: Mein Kaffee-Date mit Jesus wird zu einem echten Bibelstudium, denn ich möchte mehr von ihm lernen. Die Gespräche am Abend mit den Kindern bringen mich nicht in Zeitverzug, denn es ist ein Invest in das Reich Gottes. Das Scrollen auf Instagram raubt mir nicht mehr meinen Frieden, weil ich lerne, das Handy wegzulegen, wenn es genug ist. Der anstrengende Kunde muss mir nicht mehr die Laune verderben, weil ich mich dafür entscheide, ihm mit Liebe zu begegnen und das Beste für ihn zu wollen. Die Anforderungen an mich selbst erdrücken mich nicht mehr, weil Gottes Wort mir versichert, dass mein Wert nicht davon abhängig ist, wie viel ich leiste. Und das nächste Mal, wenn ich auf dem Boden sitze und dabei in die grünen Augen meines Mannes sehe, dann nicht, weil ich nicht mehr kann. Sondern weil ich es mir mitten im Alltag gemütlich gemacht habe und weiß, dass eine kleine Pause guttut.

Was bedeutet es in deinem Alltag, im Gleichschritt mit Jesus zu gehen?

**Nimm dir in deiner Stillen Zeit das Matthäus- oder Johannesevangelium vor und markiere alle Bibelstellen, die die Reaktionen von Jesus in unterschiedlichen Situationen zeigen. Du wirst viele tolle Entdeckungen machen: Jesus weinte und betete. Jesus hatte viel Gemeinschaft und zog sich auch ab und zu zurück. Jesus hörte zu. Er nahm sich Zeit für Kinder, dann, wenn eigentlich noch anderes zu tun war. Was entdeckst du noch? Was können all diese Passagen für dein Leben bedeuten?**

**"** Glücklich sind die Frau,
der Mann, die nicht
nach den Machenschaften
der Mächtigen gehen,
nicht auf dem Weg
der Gottlosen stehen
noch zwischen
Gewissenlosen sitzen,
sondern ihre *Lust haben
an der Weisung Gottes.*
Wie Bäume werden sie sein –
gepflanzt an Wasserläufen,
*die ihre Frucht bringen*
zu ihrer Zeit, und
ihr Laub welkt nicht.

Psalm 1,1-3
(BigS) **"**

Christina Brudereck

# BETEN BEIM
## *Händewaschen*

Meine Schwester Dorothea erzählte beiläufig, sie würde beim Händewaschen ein Vaterunser sprechen. Es dauere etwa 30 Sekunden lang. Während der Pandemie wurde es ihr Ritual. Eine halbe Minute lang beten – mit Seife und warmem Wasser. Ich mochte die Idee, dass uns Wasser mit Gott verbindet, mit der Quelle des Lebens, die nie versiegt. Ich habe mir dann irgendwann angewöhnt, um Segen für alle zehn Finger zu bitten. Zum Beispiel so:

*Linke Hand und rechte Hand.*
*Segne die Balance.*
*Daumen.*
*Danke für alle Kraft.*
*Für meine Entschlossenheit.*
*Zeigefinger.*
*Leite mich auf einem Weg, der bleibt.*
*Lass mich gehen in guten Spuren.*
*Mittelfinger.*
*Segne alle, die Verantwortung übernehmen.*
*Die herausragend, sichtbar sind.*

*Ringfinger.*
*Danke für alle Verbundenheit.*
*Erhalte uns die Treue.*
*Kleiner Finger.*
*Lass mich hinfühlen zu anderen.*
*Danke für alle wahre Größe.*
*Linke Hand und rechte Hand.*
*Segne die Balance.*

Ich verbinde meine Hände mit dem Wasser, mein Beten mit diesem all-täglichen Element. Unsere Hände können zur Faust geballt sein, Finger-spitzengefühl zeigen, streicheln, zupacken, festhalten, sich falten zum Beten. Wasser ist ein Symbol für Fülle, Reinigung, Erfrischung, Ursprüng-lichkeit. Heilig und gewohnt. Lebensnotwendig und oft allzu selbstver-ständlich. Lyndsey Scott singt so einfach und berührend – und ich singe mit:

*I thank you, water.*
*I love you, water.*
*I respect you, water.*
*You are life.*

Durch den Klimawandel verändern sich die Wasserreserven. Das Eis un-serer Pole schmilzt. Alles wird zu warm. Regenzeit wird zur Starkregen-zeit. Und Trockenzeit zur Dürrezeit. Wir erleben Waldbrände und Über-schwemmungen. Verbunden sind wir mit Ozeanen. Regenwäldern. Eis, Gletschern, Schneefall. Artenvielfalt. Brunnen. Meeresspiegel. Korallen-riffen. Bei uns kommt Trinkwasser aus dem Wasserhahn. Sauber, zuver-lässig, ausreichend. Aber der Zugang zu sauberem Trinkwasser ist welt-weit eine riesige Herausforderung. Wasser wird immer knapper und Durst ist lebensbedrohlich für viele Millionen Menschen. In jeder Tasse Boh-nenkaffee stecken 132 Liter Wasser. In jedem Baumwollshirt etwa 4.000 Liter. Durst ist mehr als ein Bild für meine Sehnsucht. Durst ist Not. Wenn ich ein Glas Wasser trinke, wenn ich dusche, wenn ich die Blumen im Gar-ten gieße, bete ich: »Mach uns achtsam. Amen.«

*Mach uns achtsam*
*für die Verwobenheit*
*aller Dinge und aller Menschen.*
*Wir sind verbunden*
*mit den Generationen vor uns und nach uns.*
*Mit der Erde, über die wir gehen.*
*Mit der Luft, die wir atmen.*
*Mit der Kleidung, die wir tragen.*
*Mit dem Brot, das wir essen.*
*Mit der Nation, deren Pass wir jeweils tragen.*
*Mit der Kultur, die uns prägt.*
*Mit der Zeit, die uns noch bleibt.*
*Mit Familie Mensch auf allen Kontinenten und Inseln.*
*Mach uns wachsam für die Zusammenhänge,*
*das Gleichgewicht dieser Welt*
*und die Balance unserer Seele. Amen.*

Unser Planet ist zu drei Vierteln mit Wasser bedeckt. Und auch unser Körper besteht zum größten Teil aus Wasser. Wir brauchen Wasser. Unbedingt und jeden Tag. Eine Freundin, die in Israel lebt, erzählte mir: »Hier, wo unsere Gebete ihren Ursprung haben, im Wüstenklima, ist Wasser wirklich eine Gabe Gottes. Als ich in Deutschland lebte, mit dem ganzen Regen und Schnee, habe ich die Gebete manchmal vergessen. Aber wieder zurück, segne ich den Regen wieder.« Ich freue mich über die Alltäglichkeit des Wassers. Dass ich meinen Durst stillen kann. Gleichzeitig weiß ich, dass Wasser ausgesprochen kostbar ist. Das soll sich in meinem Umgang damit spiegeln.

Wenn ich mir die Hände wasche, bete ich oft:

*Danke für das Wasser.*
*Segen für jeden Beitrag,*
*die Schwächsten zu schützen.*
*In unsicherer Zeit*
*unser so einzigartiges Leben*
*zu würdigen. Amen.*

Nutz doch die Zeit beim Händewaschen für ein Gebet oder einen Segen.

Zum Anhören

Lyndsey Scott: Water

**Wir sind eingeladen,**
DAS LEBEN TAG FÜR TAG
*zu feiern.*

Brennan Manning

Elisabeth Schoft

# PLANEN UND *unterbrechen lassen*

Ich liebe meinen Alltag! Er ist voll mit Arbeit, Abendterminen, Gassirunden, Beziehungspflege und dem Versuch, eine gewisse Grundfitness zu etablieren. Und ich verzweifle regelmäßig an ihm. Denn manchmal kommt mir mein Alltag wie eine riesige und endlose To-do-Liste vor, die es gilt, so schnell wie möglich abzuarbeiten, damit mir noch Zeit für das »schöne« Leben bleibt. Ich habe deswegen eine Entscheidung getroffen: Ich möchte mich nicht weiter von meinem Alltag beherrschen lassen, sondern ihn bewusst und mit Intention gestalten. Mit Routinen, die ich etabliere – um sie in regelmäßigen Abständen wieder aufzubrechen. Damit mein Leben wieder mir gehört und nicht dem Alltagstrott.

## Routinen etablieren und aufbrechen

Seit drei Jahren wohne ich nun schon direkt gegenüber von einem Freibad. Ehrensache, dass ich, die für den Weg dorthin nur im Bikini und mit einem Handtuch über die Straße zu gehen braucht, eine Dauerkarte habe. Das Schwimmen von Mitte Mai bis Ende September wurde also zu meinem neuen Alltag. Da ich Regelmäßigkeiten liebe, bin ich in den ersten beiden Sommern zehn Bahnen geschwommen. Jedes Mal, wenn ich dort war. Nicht mehr, aber auch nicht weniger. Auch, wenn ich nach den ersten 50-Meter-Bahnen weder Puste noch Lust hatte. Ich zog es durch. Im dritten Sommer forderte ich mich selbst heraus: Bis zum Ende des

Sommers wollte ich einen ganzen Kilometer schwimmen. Meine Bahnen-Anzahl verdoppelte sich und ich erreichte mein Ziel bereits beim ersten Versuch. Was erst ein Anlass zur Freude war, entwickelte sich bald zu einem Stresspunkt: Musste ich jetzt immer 20 Bahnen schwimmen – der Routine wegen? Habe ich versagt, wenn ich »aufgebe« und auf meinen Körper höre, wenn er nicht mehr kann, aber damit auch mein gestecktes Ziel nicht jedes Mal erreiche? Ja, ich liebe Routinen. Aber manchmal muss ich mich regelrecht dazu zwingen, sie aufzubrechen. Ich muss mich daran erinnern, die Disruption meines Alltags zu genießen, anstatt alles so schnell wie möglich wieder so haben zu wollen, wie ich es gewohnt bin.

## Intentionalität im Alltag

Ich saß auf meinem Sofa, ein neues, unbeschriebenes Notizbuch auf dem Schoß, und lauschte in einem Onlinekurs der Referentin, die über die Kraft eines Visionboards sprach. Sie spannte den Bogen weit: Wir sollten uns die kommenden fünf Jahre vor unserem geistigen Auge vorstellen und dann auf einem Blatt Papier visualisieren, später kreativ mit Bildern und Texten arbeiten. Ein Jahr, das wäre überschaubar gewesen, ich hätte mir Ziele gesteckt, die ich in dieser Zeitspanne realistischerweise erreichen kann. Aber gleich fünf Jahre visionieren? Die zeitliche Dimension dieser Aufgabe erwischte mich unvorbereitet, als ich realisierte, dass ich in fünf Jahren 39,5 Jahre alt sein und ein paar Monate später meinen 40. Geburtstag feiern würde. Die Frage, welchen Alltag ich dann leben möchte, beschäftigt mich seither verstärkt. Möchte ich Kinder haben? Wenn ja, wie alt sollen sie in fünf Jahren sein? Und wenn nicht: Wie kann ein erfüllter Alltag aussehen, der nicht durch ein klassisches Familienleben bestimmt ist?

Als Kopfmensch plane ich das Leben eigentlich gern von hinten – ich überlege und grübele, wo ich hinwill, und treffe daraufhin meine Entscheidungen. Denn ich möchte mein Leben aktiv leben und nicht nur auf Umstände oder Entscheidungen anderer reagieren. Seit dem Kursabend denke ich vermehrt darüber nach, welche Weichen ich heute schon stellen und welche Vorbereitungen ich treffen muss, um meine Alltagsvision in fünf Jahren zur Realität werden zu lassen. Natürlich habe ich nicht alles im Griff oder unter Kontrolle. Das Leben kann man theoretisch sehr schön planen, visionieren oder manifestieren, aber es läuft praktisch meistens doch anders als gedacht. Ich kann nur meinen Teil dazu beitragen: strategisch denken, entscheiden, Vorbereitungen treffen. Gleichzeitig darf auch noch Raum sein für das Unvorhersehbare, für Zwischenmenschliches, für Gefühle, die gelebt werden wollen, und für das Göttliche, das den Alltag sprengt.

Stell dir immer mal wieder die Frage: Welche Weichen kann ich heute schon stellen, um meine Alltagsvision in fünf Jahren zur Realität werden zu lassen?

**Plane schöne Alltagsunterbrechungen ein!**

Um den Alltag etwas aufzupeppen und trotz offener Lebensplanungsfragen nicht das Hier und Jetzt zu vergessen, halte die Augen offen nach Dingen, die du schon immer mal machen wolltest: einen großen Blumenstrauß vom Feld pflücken, bei Anbruch der Morgendämmerung in den Zoo gehen und den Tieren beim Aufwachen zusehen, einfach mal den Schlafsack schnappen und eine Nacht in der Natur (oder auf dem Balkon) verbringen. Oder elf Bahnen im Freibad schwimmen.

**SEID** *allezeit* **FRÖHLICH,** *betet* **OHNE UNTERLASS,** *seid dankbar* **IN ALLEN DINGEN; DENN DAS IST DER** *Wille Gottes* **IN CHRISTUS JESUS** *für euch.*

1. Thessalonicher 5,16-18
(LUT)

# DANKBARKEIT STATT
## Schafe zählen

Ich war immer eine gute Schläferin. Ich konnte überall schlafen, selbst im größten Gewusel, auf Jugendfreizeiten, wenn Highlife war, im Zug, auf dem Boden, nach einem Streit mit meinem Mann. Dieser war manchmal geradezu entsetzt darüber, wie schnell ich einschlafen konnte, wenn wir uns gezofft hatten. Doch in den letzten Jahren, ausgelöst durch Hormonveränderungen und größere Verantwortung, gab es immer häufiger Abende und Nächte, an denen ich schlecht einschlief oder nach einer Zeit wieder aufwachte. Dann begannen sich meine Gedanken zu drehen, und ich baute in meinem Kopf Drohszenarien auf. Was wäre ein schlimmes – oder das schlimmste – Ergebnis einer Situation? Was, wenn Projekte ein finanzielles Desaster würden? Krankheit für immer bliebe? Wenn ich Menschen enttäuschen müsste? Solche und ähnliche Fragen hielten mich wach, und was immer ich auch tat, nichts half. Auch der Standardtipp »Schafe zählen« nicht.

Manchmal liest man Bibelverse immer und immer wieder und nimmt sie einfach hin. Als ich kürzlich den Vers aus 1. Thessalonicher 5,16-18 las, fielen mir jedoch zum ersten Mal mehrere Dinge auf.

Erstens: die Dankbarkeit in allen Dingen. Ich danke hauptsächlich für die guten Dinge in meinem Leben. Für schwierige Situationen zu danken, hat für mich einen masochistischen Beigeschmack. Aber vielleicht kommt das ja auch noch zu einem späteren Zeitpunkt … Ich habe jedoch angefangen, Gott für Dinge, die ich mir wünsche, im Voraus zu danken, sozusagen prophetisch vertrauensvoll. »Danke, dass du mir helfen wirst, diese Beziehung zu klärenklären.« »Danke, dass du das Geld, das wir brauchen, geben wirst.« »Danke, dass du einen guten Mann für meine Töchter finden wirst.«

Das Zweite, das mir auffällt, ist die Aufforderung zum Fröhlichsein. Ich glaube, dass wir durchs Danken fröhlichere Menschen werden. Es ist entscheidend, worauf wir unseren Blick richten. Und Dankbarkeit kann uns helfen, die guten Dinge zu sehen.

Drittens: Wir sollen allezeit danken. Puh, das macht mir Stress. Immer danken. Wie soll ich das denn schaffen?

Vor einigen Wochen machte ich eine Leiterschaftsweiterbildung und diese begann mit einer Dankbarkeitsübung. Natürlich kenne ich solche Übungen und habe ab und zu auch mal eine Liste mit Dingen geschrieben, für die ich dankbar bin. Aber es wurde nichts Regelmäßiges daraus. Während dieser Weiterbildung bekamen wir aber die Aufgabe, jeden Abend vor dem Schlafengehen zu überlegen, was uns dankbar macht. Wenn ich eine Aufgabe bekomme, mache ich sie meistens gerne. Und so beendete ich jeden Tag mit Gedanken an Dinge, für die ich dankbar war: Begegnungen mit Menschen, die mich bereichert haben, ein leckeres Essen oder eine verändernde Erkenntnis. Ganz häufig dankte ich für mein weiches Bett und meine Bettdecke. Ich dankte für gute Bücher und Podcasts, für lecker riechendes Duschöl, für Urlaub, Ausflüge und für Filme, die mich zum Weinen brachten. Ich dankte für Kaffee und Tee, die Natur, Yoga und natürlich meine Familie. Und du ahnst es schon – dieses Danken machte mich dankbar.

Aber das Danken hatte noch einen ganz wunderbaren Nebeneffekt: Ich konnte gut einschlafen. Ich dämmerte weg irgendwo zwischen Dank 10 und 25. Immer wieder bemerkte ich am nächsten Morgen, dass ich mitten im inneren Danken eingeschlafen bin. Mich mit den guten Dingen in meinem Leben zu beschäftigen, muss mir echten Frieden gegeben haben. Da ich Christin bin, geht diese Dankbarkeit auch nicht einfach irgendwo ins Universum hinaus, sondern ich richte sie an Gott. Ich danke Gott für all das Gute, das mir passiert. Und das verbindet mich mit meinem Schöpfer und verbessert und intensiviert die Beziehung zu ihm.

Ich erlebe es mittlerweile immer häufiger, dass ich schon am Tag, während etwas passiert, die Dankbarkeit kurz spüre. Ich scheine sensibler geworden zu sein. Und selbst beim Mittagsschlaf erwische ich mich, wie ich unter die Decke schlüpfe, mich einkuschle und denke: »Danke, Gott, für diese wunderbare Decke, unter der ich liegen darf.« – Es ist wirklich mein häufigstes Dankgebet. Eine große, weiche Daunendecke ist aber auch toll!

Die Dankbarkeit hat sich in meinem Leben ausgebreitet. Ganz einfach und unkompliziert und trotzdem lebensverändernd. Und Schafe zählen muss ich auch nicht mehr.

Fange an, dir jeden Abend 3-10 Dinge zu
überlegen, für die du dankbar bist.

Wenn du nachts aufwachst, fang an, aktiv
zu danken, statt dir sorgenvolle Gedanken
zu machen, und schau, was das auslöst.

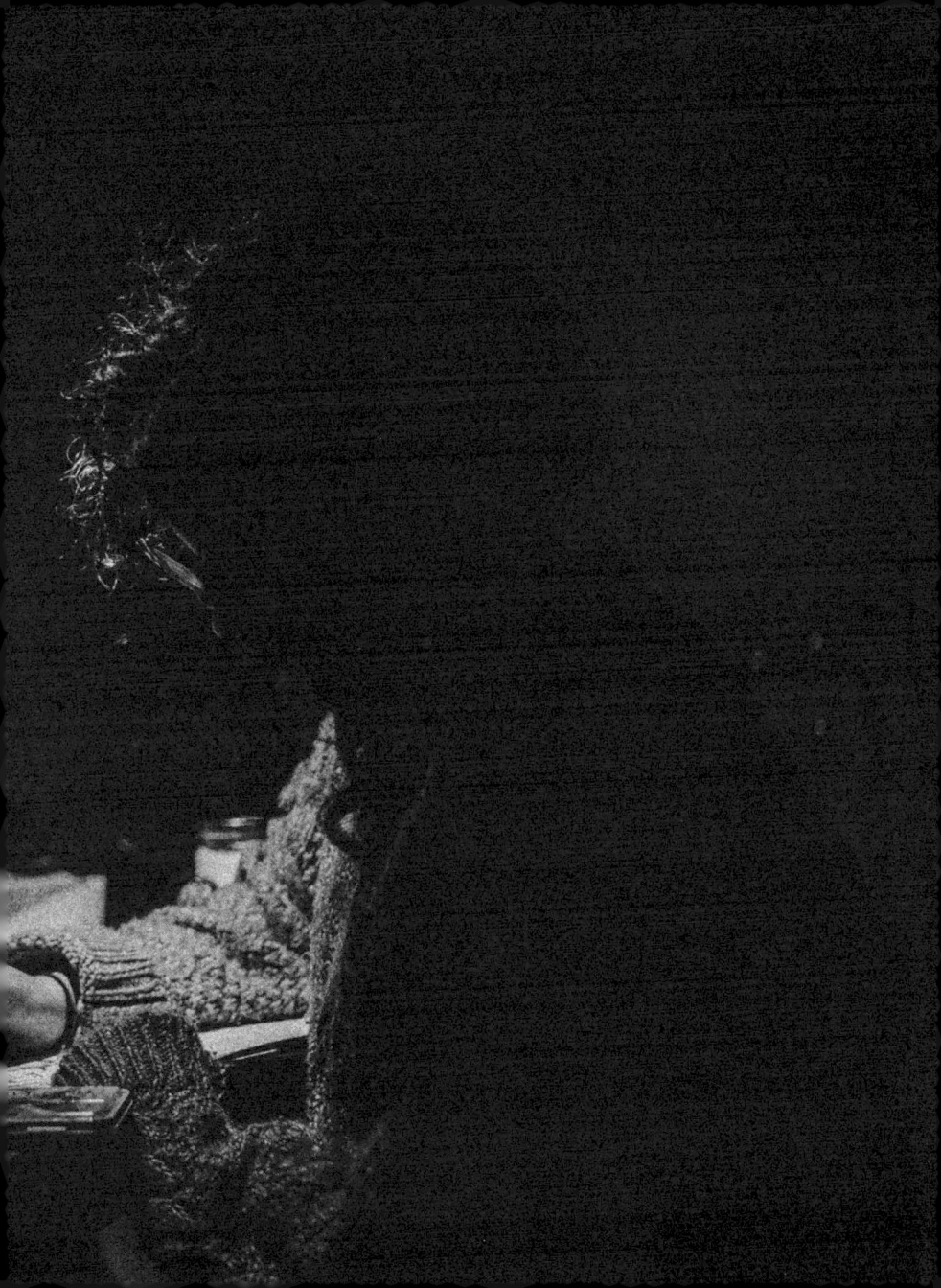

GOTT IST JETZT
GERADE HIER.
*Bist du auch da?*

Elena Schulte

# AM LIEBSTEN

*hier und jetzt*

Meine Superkraft? In diesem Moment gerade zu sein und ihn dennoch zu verpassen. Weil ich eigentlich schon viel mehr im nächsten Moment, der nächsten Stunde oder sogar dem nächsten Monat bin. Gedanklich plane ich die Mittagessen der nächsten Woche, sortiere meine To-do-Liste im Kopf um oder frage mich, wann wir endlich Zeit finden, den Sommerurlaub zu buchen.

Ganz ehrlich: Das passiert mir dauernd. Und leider auch überall. Egal, ob unter der Dusche, bei einem Sonnenuntergang am Meer oder auf der Geburtstagsfeier meiner Freundin. Meine Hülle ist zwar anwesend, aber den Moment wirklich spüren, er-LEBEN und genießen tue ich oft nicht.

Ich habe mich gefragt, woher das kommt. Sicher, eine Erklärung ist bestimmt, dass einfach zu viele Reize auf uns einströmen, die Aufgabenlisten kilometerlang sind und wir ständig abgelenkt werden. Wir sind dauerhaft auf zu hoher Betriebstemperatur; wer langsamer wird, wird abgehängt und viele aktuelle Entwicklungen laden uns zum Besorgtsein ein.

Aber ich glaube, es steckt noch mehr dahinter als unsere schnelle, volle und unsichere Zeit. Es ist auch eine Haltung. Lebe ich aus einem Gefühl des Mangels oder der Fülle? Wenn ich mich dahin gehend überprüfe, stelle ich oft eine Mangel-Haltung fest: *Die Zeit wird sicher nicht reichen. Ich werde das nicht schaffen. Das wird zu teuer. Ich bin nicht begabt genug.*

*Ich werde übersehen. Das könnte gefährlich werden.* Und so weiter. Und diese Gedanken treiben mich an. Lassen mich rastlos sein. Versuchen zu planen und zu kontrollieren, was sich gar nicht planen oder kontrollieren lässt. Fazit: In all diesen (oft auch ganz unterbewussten) Sorgen geht mir die Gelassenheit verloren.

In dem Wort *Gelassenheit* steckt »lassen«. Wenn ich Mangel empfinde, halte ich fest. Werden meine Hände verkrampft. Fange ich an zu kämpfen. An Loslassen ist gar nicht zu denken.

Ein Leben aus der Fülle sieht völlig anders aus. Wenn ich weiß, dass es reicht – sowohl für mich als auch für die anderen, dann macht sich in mir ein tiefer Frieden breit. Ich beginne zu vertrauen, kann die Hände öffnen und mich beschenken lassen. Und dabei glaube ich, dass dieses »Ausreichen« nicht in erster Linie nur an die Umstände geknüpft ist, denn Fakt ist: Wir alle kennen Zeitnot oder Geldmangel. Es geht um ein Sich-fallen-Lassen in die Arme eines Gottes, der mich und meine Bedürfnisse besser kennt als ich. Mir fällt der Text über die Lilien und Vögel aus Matthäus 6,25-34 ein. Kurz zusammengefasst steht dort: Schau dir die Blumen und die Vögel an, die sorglos und gelassen leben und blühen. Sie wissen sich von Gott versorgt. Und du? Du bist Gott doch so viel wichtiger als Blumen und Vögel. Wie viel mehr darfst du dir sicher sein, dass er dich versorgt!

Was genau aber hat das mit dem Moment hier und jetzt zu tun? Wenn ich mal wieder durch meinen Alltag rausche, ohne wahrzunehmen, was jetzt gerade ist, dann höre ich oft Gottes leises Flüstern in meinem Herzen: Halte doch mal an. Nimm wahr. Lass los. Sei hier. Ich bin auch da. Jetzt gerade. Ich sehe dich, kenne dich, weiß um dich. Übrigens: Im nächsten Moment werde ich auch da sein. Deswegen darfst du einen Schritt nach dem anderen gehen – ganz im Vertrauen an meiner Hand.

Manchmal schreibe ich mir das Wort »now« auf mein Handgelenk neben meine Uhr. Jetzt – ist Gott da. Jetzt – darf ich leben. Jetzt – bin ich gesehen und umsorgt. Und wenn mein Blick darauf fällt, lade ich mich zur Gelassenheit ein. Zum Loslassen, der Dinge, die mich treiben. Zum Erinnern, dass ich den Gott der Fülle kenne. Zum Hier-Sein. Zum achtsamen Wahrnehmen: das warme Wasser, das unter der Dusche an mir herunterrinnt; der Vogel, der draußen zwitschert; der kalte Boden unter meinen Füßen; das Haar, das mich an der Stirn kitzelt. Es gibt so viel Gutes im Hier und Jetzt. Ich atme ein. Ich atme aus. Und ich bete kurz: Danke, Jesus, dass du da bist und dass ich da bin. Danke, dass ich aus deiner Fülle diesen Moment erleben darf. Und danke, dass du den nächsten Moment schon für mich vorbereitest – mit allem, was ich dann brauchen werde.

**Probier den Trick mit dem Wort »now« oder »jetzt« doch auch mal aus und lass dich daran erinnern, dass dieser Moment gerade kostbar und wertvoll ist, weil Gott hier bei dir ist und dich mit ihm beschenkt.**

**MEINE SCHAFE HÖREN
MEINE STIMME**

*und ich kenne sie.
Und sie folgen mir.*

**Johannes 10,27**

Kerstin Hack

# GOTTES REDEN IM

*Alltag wahrnehmen*

»Kerstin, wenn dich unsere Mutter besuchen kommt, musst du ihr die letzten 500 Meter die Augen verbinden!« Ich lebe auf einem Hausboot, das meine Mutter nun erstmals besuchen wollte. Ein Hausboot ist schon gewöhnungsbedürftig genug. Doch in den Worten meines Bruders klang die Befürchtung mit, unsere in romantischen fränkischen Dörfern aufgewachsene Mutter könnte geschockt sein, wenn sie die Umgebung meines Bootes sehen würde: Das waren heruntergekommene Fabrikhallen in einer trostlosen Umgebung.

Meine Mutter liebt Blumen, doch ich hatte viele Termine und mir fehlte die Zeit, um »schnell noch« einen Garten anzulegen, der die Umgebung aufmöbelt. Auf dem Rückweg von einem Termin hörte ich innerlich die Stimme, die ich mittlerweile oft – leider nicht immer – als die Stimme von Jesus erkenne: »Kerstin, gehe einen anderen Weg zur S-Bahn als sonst!« Ich folgte der Stimme und als ich unterwegs an einer Straßenecke stehen blieb, um den wunderbaren Duft von Lavendel zu genießen, sagten die Gartenarbeiter: »Der hat hier keinen Platz mehr. Sie können ihn mitnehmen!« Ich packte den Lavendel, der so groß war wie ein Weihnachtsbaum, auf meine Schultern und zog nach Hause.

Einen Tag später, als meine Mutter ankam, waren ihre ersten Worte: »Du hast ja einen wunderbaren Lavendel!« Ich zwinkerte kurz nach oben und betete still ein Dankgebet: »Gut gemacht, Jesus!«

Mein Abenteuer, Gott hören zu lernen, begann, als ich etwa 16 Jahre alt war. Ein Missionar hatte davon erzählt, wie er Gottes Reden immer wieder im Alltag erlebte. Ich ging nach dem Vortrag zu ihm und wartete eine Viertelstunde lang, um mit ihm sprechen zu können. Ich sagte zu ihm: »Können Sie für mich beten? Ich möchte auch so auf Gott hören können wie Sie.«

Seine Antwort schockierte mich: »Nein, dafür bete ich nicht! Du kannst Gott bereits hören. Sein Reden kommt in klaren, schnellen Gedanken zu dir. Anschließend macht der Feind ein langes Blabla, um dich zu überzeugen, dass das, was du gehört hast, nicht von Gott war.«

Das saß. Er hat dann doch noch aus lauter Nettigkeit für mich gebetet, aber der Satz ließ mich nicht mehr los. Ich fasste den Entschluss, auf die kleinen scharfen Gedanken, die »aus dem Nichts«, durch meinen Kopf sausten, hören zu lernen. Damit begann ein geistliches Abenteuer, das bis heute nichts von seiner Faszination verloren hat.

Die ersten Erfolge und Misserfolge ließen nicht lange auf sich warten. Kurz nach dem Gebet fuhr ich mit dem Fahrrad zur Schule. »Lass dein Rad am Fuß des Hügels stehen!«, schoss es mir durch den Kopf. »So ein Blödsinn«, dachte ich und fuhr weiter – nur um auf der Hälfte des Hügels einen falschen Gang zu erwischen und die Schaltung meines Fahrrads komplett zu ruinieren. Für die Reparatur musste ich einiges an Geld zahlen. Ich dachte mir: »Oh, vielleicht hat Gott mir die Warnung durch den Kopf gehen lassen!« Ich nahm mir vor, in Zukunft zu lernen, auch auf solche »irrationalen« Impulse zu hören.

Im Laufe der Jahre lernte ich auf die großen und kleinen Impulse einzugehen. Zehn Jahre nach dem ersten Erlebnis fuhr ich – mal wieder mit dem Fahrrad – durch meine Universitätsstadt. »Geh zur Jobvermittlung!«, schoss mir durch den Kopf. Was für ein dummer Gedanke! Eine Woche später fand meine Abschlussprüfung statt – und das Letzte, wofür ich

Zeit hatte, war ein Nebenjob. Außerdem war ich gerade mal finanziell nicht völlig abgebrannt.

Aber durch eine Serie von Erfolgen und Misserfolgen im Hören auf die Stimme Gottes hatte ich gelernt, meine Ideen von seinen Impulsen zu unterscheiden. Und ich wusste, dass diese Sache nicht meine Idee gewesen sein konnte.

Ich ging hin und schaute mir die Pinnwand mit Jobangeboten an, von denen mich kein einziges interessierte. Gerade als ich irritiert wieder gehen wollte, kam eine ausländische Studentin, die ich nur oberflächlich kannte, in den Raum. Nach einem kurzen »Hallo« brach all der Frust aus ihr heraus: »Ich bin seit über einer Woche in Deutschland und hatte kein einziges Gespräch mit irgendjemandem in dieser Zeit! Ich fühle mich so einsam.« Wir unterhielten uns eine Weile. Ich spürte, wie ihr diese Begegnung neuen Mut und Trost gab. Auf dem Weg nach draußen dachte ich betend: »Ach Herr, dir ging es gar nicht darum, mir einen Job zu vermitteln. Du wolltest mich nur zur richtigen Zeit am richtigen Ort haben! Wie schön, dass du mich gebrauchen kannst.«

Manchmal erfährt man die Auflösung und erkennt, welchen Sinn der Impuls hatte – wie etwa in diesem Fall oder in einer anderen Situation, wo ich auf einen Impuls hin einen Kurzausflug mit Freundinnen abgesagt habe, die dann einen Unfall hatten. Sie kamen unbeschadet davon, aber die Rückbank war total zerquetscht. Wäre ich mitgefahren, wäre das wohl nicht gut ausgegangen. Manch andere Male kann man nur ahnen, was der gute Hirte einem schenken oder wovor er einen bewahren wollte.

Mein Rat für dich: Probiere es einfach aus. Mit dem guten Hirten in Hörweite unterwegs zu sein, kann das ganze Leben zu einem größeren Abenteuer machen.

Bitte Gott, im Alltag zu dir zu reden. Und wenn du einen ungewöhnlichen Gedanken hast, von dem du denkst, dass er womöglich ein Impuls von Gott ist, folge ihm einfach. Vor allem dann, wenn es keine große, lebensverändernde Sache ist, sondern Dinge wie »Rufe diese Person an« oder »Kaufe jenes Lebensmittel ein«.

NIMM DIR PAUSEN
IM ALLTAG,
STATT NUR AUF EINE
*Pause vom Alltag
zu warten.*

# RASTPLÄTZE

»Maria, ich komme nicht ganz mit, wohin bist du als Nächstes unterwegs?« Diese Frage höre ich öfter von Freunden und Familie, seitdem ich vor fast zwei Jahren meinen neuen Job angefangen habe. Während mein Arbeitsalltag zuvor reisearm war, ist nun viel Bewegung in meinen Alltag gekommen und ich bin regelmäßig für Seminare, Predigten oder andere Veranstaltungen unterwegs. Monatlich stehen meist zwei oder mehr Dienstreisen für mich an. Erst allmählich merkte ich, wie das meinen Lebensrhythmus veränderte. Das viele Unterwegssein löste eine bis dahin unbekannte Unruhe in mir aus. Häufig fehlte es mir an »Rastplätzen« im Alltag und auch für Zeit mit Gott hatte ich oft keine Ruhe.

Über den Jahreswechsel wurde mir klar, dass ich etwas ändern wollte. Als Vorsatz notierte ich mir, dass ich Stück für Stück mehr Ruhe in meinen Alltag einbauen und regelmäßige »Rast-Momente« mit Gott suchen wollte. Mit dieser Vision startete ich ins neue Jahr und machte mich auf die Suche nach mehr Ruhe im Alltag.

Ich wollte wieder tägliche Gebetszeiten pflegen, das war mein Startpunkt. Mich inspirierte dabei das Stundengebet, eine klösterliche Gebetstradition, nach der zu festen Zeiten am Tag gebetet wird. Dafür stellte ich mir eine tägliche Erinnerung in meinem Handy ein, die mich seitdem tagsüber im Dreistundentakt und den Worten aus Psalm 46,11 (»Seid stille und erkennet«) ans Beten erinnert. Diese Erinnerung hilft mir mittlerweile dabei, häufiger zu pausieren und Gott im Blick zu behalten — auch wenn ich sie im Trubel des Alltags manchmal ignoriere. Trotzdem möchte ich weiter in diese Gebetsgewohnheit reinwachsen.

Einfacher erging es mir mit einer Gewohnheit, die ich bereits etabliert hatte und die jetzt zu einem alltäglichen Ruhepol wurde. Ich bin leidenschaftliche Kaffeetrinkerin, liebe den Geruch von frisch gemahlenem Kaffee und habe mir vor einiger Zeit eine kleine Siebträgermaschine gegönnt. Ebenfalls zu meiner Ausstattung gehört eine manuelle Kaffeemühle, die ich vor mehreren Jahren auf einem Flohmarkt in den Niederlanden fand. Seitdem mahle ich meinen Kaffee häufig per Hand. Für mich stellt das Gemütlichkeit dar, es ist »gezellig«, wie die Niederländer zu sagen pflegen. Diese Gewohnheit entdeckte ich als täglichen Ankerpunkt: mir morgens in Ruhe die Zeit zu nehmen, Bohnen zu mahlen, Milch aufzuschäumen und mit einem Cappuccino in den Tag zu starten.

Ein weiterer wertvoller Impulsgeber wurde das Buch »Das Ende der Rastlosigkeit« von John Mark Comer. Comer präsentiert vier geistliche Übungen, die er als wesentlich empfindet, um einem Lebensgefühl von Rastlosigkeit entgegenzuwirken und Ruhe im Alltag zu finden: Stille und Einsamkeit, Sabbat, einfach leben, entschleunigen. Einen Monat lang nahm ich mir jeweils eine Woche Zeit, um eine der Übungen zu entdecken und auszuprobieren, wie ich diese im Alltag leben könnte. Manches davon blieb ein einmaliges Experiment, doch einiges habe ich in meinen Alltag übernommen. So achte ich seitdem besser darauf, dass ich aus Eile nicht zu viele Dinge gleichzeitig mache und stattdessen einer Sache meine volle Aufmerksamkeit schenke.

Die Suche nach Rastplätzen im Alltag hat mir in den letzten Monaten eine veränderte Perspektive geschenkt. Statt auf eine Pause vom Alltag zu warten, habe ich mich darin geübt, mir Pausen im Alltag zu nehmen. Dabei habe ich lernen dürfen, dass Gewohnheiten und Rituale wichtige

Stützen sind, um ein Stück mehr Ruhe im Alltag zu finden. Ich habe regelmäßige Pausenzeiten in meinem Alltag verankert wie die Tasse Cappuccino am Morgen. Gleichzeitig bleibe ich eine Lernende, weil ich so manches feste Ritual wie das Stundengebet noch umsetzen möchte. Ein Grundstein für mehr Ruhe im Alltag ist dennoch gelegt.

Wie sieht es bei dir mit Pausen im Alltag aus? Hast du Gewohnheiten und Rituale integriert, die dir dabei helfen? Oder sehnst du dich nach mehr alltäglichen Ruhezeiten? Wo auch immer du stehst, ich wünsche mir, dass jeder von uns Rastplätze im Alltag findet.

**Es ist meist einfacher, wenn wir neue Gewohnheiten mit bereits bestehenden verknüpfen. Welche Gewohnheiten pflegst du und könntest du eine davon mit einer Pausenzeit im Alltag verbinden? Vielleicht könntest du diesen »Rastplatz« als einen Moment mit Gott nutzen?**

,,

*Er lässt mich*
IN GRÜNEN TÄLERN
AUSRUHEN,
*er führt mich*
ZUM FRISCHEN
WASSER.

Psalm 23,2

,,

Sina Hottenbacher

# EIN DATE MIT GOTT
## in der Badewanne

Der Tag war anstrengend, die Woche hängt mir nach und ich freue mich auf meine kleine Auszeit mit Gott. Dafür lasse ich Wasser in die Badewanne einlaufen, gieße etwas von meinem duftenden Schaumbad hinzu und zünde Kerzen an. Ich stelle etwas zu trinken, ein gutes Buch und auch mein Handy an den Wannenrand. Dann tauche ich ein. Mit all meinen Gedanken, Ängsten, Träumen und Sorgen des Alltags.

Ich komme zur Ruhe, lese eine Weile in meinem Buch und lasse die Gedanken kreisen. Ich spüre, wie meine Muskeln entspannen und mein Kopf zur Ruhe kommt. Dann spiele ich Lobpreismusik ab und fange an, bewusst und tief zu atmen. Manchmal gehe ich in eine geführte Bibelmeditation über, die man bei diversen Streamingdiensten findet. Manchmal meditiere ich auch selbst: Dafür stelle ich mir den Wecker für 15 Minuten und werde ruhig. Dann nehme ich mir meist den Vers aus Psalm 46,11 und atme ihn gedanklich ein und aus: »Sei still« – einatmen – »und erkenne« – ausatmen – »ich bin Gott« – einatmen. So zentriere ich mich und begebe mich bewusst in die Gegenwart Gottes. Alle anderen Gedanken lasse ich dahinfließen. Mein Fokus liegt ganz auf dem Vers und darauf, was er mir mitteilen will: Gott ist bei mir! Manchmal nutze ich auch einen anderen Satz, zum Beispiel:. »Abba, ich bin hier.« In der orthodoxen Tradition gibt es auch das Jesusgebet: »Herr Jesus Christus« (einatmen), »erbarme dich meiner« (ausatmen), das ich hierfür ab und an verwende. Im Anschluss lausche ich auf das, was Gott mir ins Herz legt.

Wenn der Wecker mich wieder zurückholt, bin ich überrascht, wie schnell die Zeit vergangen ist. Danach bete ich zu Gott, ehe ich mich abdusche und mein Date mit ihm in der Wanne beende. Der Ablauf variiert ein wenig, aber so oder so ähnlich gönne ich mir regelmäßig eine kleine Auszeit. Ich baue diese Wannendates bewusst in den Alltag ein.

Der Fußballtrainer Christian Streich hat wohl mal gesagt: »Der eine holt Kraft aus dem Gebet, der andere aus der Badewanne.« Nun bin ich kein großer Fußballfan, aber der Spruch gefällt mir trotzdem. Nur würde ich ihn leicht abändern: Ich hole meine Kraft aus dem Gebet IN der Badewanne. Wasser ist mein Element. Und Gott ist meine Kraftquelle. Schon in Psalm 23,2 heißt es: »Auf grünen Wiesen lässt er mich lagern, zu stillen Wassern führt er mich.« Und im nächsten Vers: »Neue Kraft schenkt er meiner Seele.« Ist es da nicht passend, dass das deutsche Wort »Seele« herkunftsmäßig mit dem Wort »See« verbunden ist? An einen See gelange ich im Alltag nicht immer so einfach, die Wanne hingegen steht mir jederzeit zur Verfügung. Daher ist mir mein Date mit Gott in der Badewanne zu einer heiligen Zeit geworden. Es ist eine Zeit, in der ich Gottes Stimme sehr deutlich wahrnehme, wenn ich ihm dazu Raum gebe. Und es ist eine freundliche Stimme, die mich aufbaut und stärkt.

Ich glaube, wir müssen uns kleine Auszeiten gönnen bzw. diese aktiv in unseren Alltag einbauen, um im Getöse, Geschrei und Lärm unserer Zeit Gottes Stimme wahrnehmen zu können, um ihm Raum zu geben, uns zu begegnen und zu uns zu sprechen. Wir brauchen Zeiten, in denen wir nicht nur aktiv beten, sondern empfangen. In denen wir ruhig werden und wissen: Er ist Gott. Und in denen wir selbst auftanken können. Mir hilft dafür ein Bad in der Wanne. Bei dir ist es vielleicht ein ausgedehnter Spaziergang, eine Sporteinheit oder eine Tasse Tee auf dem Balkon. Diese

Lichtblicke mit Gottes Gegenwart zu füllen, ist eine echte Wohltat und hilft, durch den Alltag zu kommen – mag er auch noch so stressig sein.

Jede von uns muss baden oder duschen. Wie wäre es also, wenn du dies das nächste Mal achtsam tust und Gott einlädst, dir dort zu begegnen? Oder wenn du dort oder auch an einem anderen Ort die von mir vorgestellte Meditation einmal ausprobierst?

»Sei still und erkenne, ich bin Gott.« Ich bete erst den ganzen Vers, dann lasse ich immer einen weiteren Teil weg, also: »Sei still und erkenne.« Dann: »Sei still.« Und schließlich: »Sei.« Dann nehme ich wieder Satzteil für Satzteil hinzu. Die Atmung passe ich den einzelnen Passagen wie im Text beschrieben an.

DIE SCHÖNHEIT
*rettet die Welt.*

Fjodor M. Dostojewski

Franziska Klein

# SCHÖNHEIT IST EIN
## *Freudeschenker*

Ich las diese Worte von Fjodor Dostojewski vor ein paar Jahren und sie berühren mich bis heute: Die Schönheit rettet die Welt. »Schönheit« war während meines Aufwachsens etwas, was bestenfalls optional oder zusätzlich, aber auf keinen Fall lebensnotwendig oder »erlösend« war. Doch laut Dostojewskis bilden die Güte, die Wahrheit und die Schönheit bei Gott eine Einheit. Die Güte ohne Wahrheit und Schönheit ist machtlos. Die Wahrheit ohne die Schönheit und Güte nur ein leeres Wort und Schönheit ohne Wahrheit und Güte läuft Gefahr, ein Götze zu werden.

Seit ich mich erinnern kann, war mir »Schönheit« wichtig und wurde mir als Eitelkeit ausgelegt. Der Wunsch, sich schön zu machen, das Interesse an Mode und das Taschengeld, das ich für Make-up und Dekoartikel ausgab, wurden kommentiert mit: »Ach, das braucht man doch alles nicht.« Für mich war es ein befreiendes Aufatmen, als ich Gott als einen Gott der Schönheit kennenlernte. Gott hat diese Welt nicht nur »praktisch« und zweckmäßig gestaltet, sondern ihr Schönheit und Vielfalt verliehen. Es gibt nicht nur eine Blume, sondern hunderttausend verschiedene. Ich spüre Schönheit und Hässlichkeit, so wie ich Unruhe und Frieden, Liebe und Hass spüre. Mich mit Schönem zu umgeben, ist für meinen Alltag kein Nice-to-have, sondern essenziell wichtig. Sie hält mich an, sie lässt mich staunen, sie weist mich auf Gott hin. Sie rettet mich jeden Tag. Sie ist wichtig für meine Seele. Ob das meine Einrichtung, meine Kleidung, Architektur, Kuchendekoration oder die Gestaltung meiner Arbeitsatmosphäre ist – alles orientiert sich an dem Wert »Schönheit«.

Wenn in der Bibel von Schönheit die Rede ist, geht es nicht nur um die reine Optik, sondern vor allem darum, welche Wirkung sie erzielt. Die Herrlichkeit, der Glanz, die Schönheit Gottes verströmen etwas Angenehmes, von ihr gehen Wohlsein und Ruhe aus – sie lassen mich staunen.

In Psalm 27,4 heißt es: »Ich möchte die Schönheit des Herrn schauen und sie im Inneren seines Tempels betrachten.« (BasisBibel)

Spätestens als in meinem Leben das Wochenende zur Arbeitszeit wurde und auch der Feierabend aufgrund zahlreicher Abendtermine in der Kirche seltener wurde, spürte ich, dass ich »Schönheit« nicht von einem »endlich Wochenende« oder »endlich Feierabend« abhängig machen konnte.

Schönheit inmitten meines Arbeitsalltags bedeutet, dass ich schon meinen morgendlichen Kaffee aus einer schönen Tasse trinke. Schöne Töpferkunst macht mir sehr viel Freude, auch wenn mein Nachbar einmal kopfschüttelnd sagte, dass es Tassen doch auch für 2 Euro im Supermarkt gibt.

Aber Schönes muss nicht teuer sein. Anstelle einer neuen Küchenzeile habe ich mir damals bei Pinterest Ideen zusammengesucht und mit guter Farbe meine Küche selbst gestrichen, was ein Zehntel der Kosten bedeutet hat. Anstatt echter Kunstwerke habe ich Kunstdrucke an den Wänden oder verbringe einen Tag im Museum, um Schönheit »zu tanken«. Meine Möbel sind zusammengestellt – Verwandtschaftsgaben, Kleinanzeigen und Sperrmüllfunde, aber nach ästhetischen Regeln arrangiert. Obwohl mein Morgenporridge simpler kaum sein könnte, arrangiere ich mein Obst darauf bewusst. Ich habe essbare Blüten in meinem Gewürzregal, weil alles mit essbaren Blumen schöner aussieht. Schön muss nicht teuer sein.

Schönheit im Alltag ist für mich ein echter Freude-schenker. Ob das ein ästhetisches Outfit, Architektur, Natur oder Essen ist – sie unterbricht mich, lässt mich staunen und schenkt mir im Hier und Jetzt Freude.

Schönheit hat auch etwas mit mir zu tun. Meine Figur entspricht nicht dem gängigen Schönheitsideal, aber ich überlege mir jeden Tag bewusst ein Outfit, trage den hochwertigen Lippenstift und passenden Schmuck auch im Homeoffice und drücke damit für mich Schönheit aus. Das hat nichts mit ständig neuen Klamotten, einem besonderen Anlass oder einem Wettbewerb mit anderen zu tun. Ich möchte meinen Alltag bewusst gestalten und lasse mich von der Frage leiten: »Wie mache ich das jetzt schön?«

Schönheit liegt im Auge des BE-Achters, sie lädt uns ein hinzuschauen und zu staunen.

Wer sich mit Pflanzen auskennt, kann essbare Blüten z. B. von Ringelblumen, Kornblumen und Rosen selbst trocknen. Oder man kauft sie sich, wie ich das mache, als »Blütenmischung« bei einem Gewürzkontor. Essbare Blüten eignen sich für Kuchen, Eiswürfel, Salate oder als Topping (auf Porridge) und zaubern auf die simpelste Weise Schönheit in den Alltag und verleihen ihm einen Hauch des Besonderen.

„Jemand hat mich ABSICHTLICH BERÜHRT. Ich habe gespürt, DASS EINE HEILENDE KRAFT VON MIR AUSGING.“

Lukas 8,46

Ann Katrin Krümpelmann

# PFINGSTROSEN UND

## Kairos-Momente

Die Kinder müssen gleich zur Schule, die Küche ist noch nicht ganz aufgeräumt und ich muss gleich selbst zur Arbeit fahren. Die Zeit im Blick, die To-dos im Kopf, den Kinderstreit im Ohr, so komme ich auf dem Weg zum Kompost an den Pfingstrosen vorbei. Ich liebe Pfingstrosen und jedes Jahr freue ich mich schon im Frühling, wenn die ersten Blätter aus der Erde sprießen. Ich liebe die Zeit, wenn erst die Blütenknospen sichtbar werden und sich dann voll entfalten. Doch auf meinem Weg vorbei am Kompost wird mir bewusst, dass ich sie in diesem Jahr gar nicht blühen sehen werde. Wir machen in den Pfingstferien Urlaub – darauf freuen wir uns schon sehr, aber wer wird sich dann an den Pfingstrosen erfreuen können?

Trotz der vielen Dinge, die vor meinem Arbeitsbeginn an der Schule noch zu tun sind, entscheide ich mich dafür, ein paar der Pfingstrosen abzuschneiden und sie meiner Nachbarin gleich jetzt vorbeizubringen. Heute sollte ihr 21. Hochzeitstag sein. Diesen verbringt sie in diesem Jahr trauernd, denn ihr Mann ist vor Kurzem verstorben. Trotz allem Stress und unaufgeräumter Küche möchte ich den Gedankenimpuls verfolgen und ihr die Blumen überreichen, die ihr Mann ihr heute vielleicht geschenkt hätte – zusammen mit einer lieben Karte und einer Umarmung, die sie sicher gerade benötigt. Ich möchte diesen Moment nutzen, den Alltag lieben, die Gegenwart Gottes erfahren und einen Kairos-Moment erleben. Mit Kairos wird ein Zeitpunkt bezeichnet, in dem Gott handelt. Den Gedanken, die Pfingstrosen zu verschenken, sehe ich als solch einen Kairos-Moment: Gott kann durch mich handeln.

Oft lebe ich als Frau, als Mutter, als Lehrerin, als Nachbarin in Gedanken schon der Zukunft. Was gilt es zu erledigen? Welche Mails muss ich an welche Eltern schreiben, welche Klassenarbeiten müssen noch korrigiert werden? Über welche Gerichte freut sich meine Familie – sind sie gesund genug, wurden alle Vorlieben bedacht? Was ist noch einzukaufen und im Wochenplan mitzubedenken? Das Leben rennt an mir vorbei, die Pläne in meinem Kopf sprinten mir voraus. Aber immer häufiger merke ich, dass es das Hier und Jetzt ist, das mir hilft, meinen Alltag zu erfahren. Die Gegenwart ist die Zeit, die ich nutzen und lieben kann, nicht Vergangenes oder das, was noch kommt.

Ich liebe an Jesus, dass er den Moment sieht und einen Blick hat für das, was gerade ist. Obwohl er in Lukas 8,40-56 gedrängt wird, ein im Sterben liegendes Mädchen zu heilen – ein wirklicher Notfall also! –, bemerkt er die Berührung einer Frau, die sich nach einem Wunder sehnt. Er nimmt sich Zeit und bleibt stehen. »Jemand hat mich ganz bewusst berührt. Ich habe gespürt, wie heilende Kraft von mir ausgegangen ist« (Lukas 8,46). Der Moment im Alltag, in dem Gott direkt handelt.

Ich merke, dass Augenblicke, in denen ich innehalte und den Impulsen des Heiligen Geistes folge – oft kleine Gedankenanstöße in mir –, zu Kairos-Momenten werden können.

Wenn ich meinen Alltag unterbreche und die Gegenwart Gottes erkenne, die Liebe, die er mir entgegenbringt, erden mich diese Momente. Es geht dann nicht mehr um meine Geschäftigkeit, meine Effizienz, sondern darum, die Gegenwart Gottes zu erfahren, Heilung zu erleben und andere zu beschenken. Ein Lied, das mich immer wieder in solche Momente führt, ist »A little longer« von Brian und Jenn Johnson.

Mit eigenen Worten übersetzt, heißt es dort:

»Du brauchst nichts zu tun, bleibe einfach bei mir und lass die Dinge los. Eine Minute mehr können sie warten, dieser Moment ist zu besonders. Bitte bleibe hier bei mir und verbringe noch etwas Zeit mit mir.«

Kurz innehalten, den Moment in der Gegenwart Gottes genießen, Impulse von ihm erhalten, den Alltag lieben lernen und ermutigt und friedvoll weitergehen. Schritt für Schritt.

Meine Pfingstrosen sind bis auf wenige Blüten verschenkt und ich bin dankbar, dass Gott durch mich handeln konnte: indem ich in meinem Alltagsstress kurz innehalte und den Menschen eine Freude mache, die es gerade brauchen. Ein Kairos-Moment für mich, denn es war die Zeit, in der Gott meine Gedanken nutzte und ich ihm begegnen konnte.

### Pfingstrose auf dem Balkon

Eigentlich sind Pfingstrosen nur für den Garten geeignet. Es gibt aber eine Möglichkeit, sie auch auf dem Balkon wachsen zu lassen, um sich an ihren Blüten zu freuen. Du brauchst einen großen, tiefen Kübel mit Drainage und lehmiger, nährstoffreicher Erde an einem sonnigen bis halbschattigen Standort, in den du die Staude pflanzen kannst. Viel Erfolg!

DIE KLEINEN *Alltäglichkeiten* SEHEN NACH NICHTS AUS, ABER SIE GEBEN *den Frieden.*

Georges Bernanos

Ich habe zwei Alltage. Das geht eigentlich schon rein sprachlich nicht und sollte mir deshalb zu denken geben. Es gibt mir auch zu denken, aber das ändert auch nichts daran, dass es nun mal so ist. Und ich weiß: Ich bin damit nicht allein.

Viele getrennte Väter, Mütter und Co-Eltern kennen das: Es gibt Tage mit einem Kind, mit mehreren Kindern, mit Teil-Konstellationen von Kindern – und Tage ganz ohne Kinder.

All das ist Alltag – denn was sollte es sonst sein? Es ist mein Alltag, dass wir an den meisten Tagen der Woche zu dritt sind (Mama, Papa, Kind) und an ein paar Tagen zu fünft. Und das ändert dann tatsächlich alles: Wir essen andere Dinge, wir stehen zu anderen Zeiten auf, wir haben andere Themen zu besprechen und anderen Streit zu begleiten.

Wie viel »immer wieder anders« erträgt mein Alltag? Und wie sehr verändert es mein Leben, dass nie etwas »immer gleich« ist? Denn das ist doch die Definition von Alltag, oder? Er hat einen Rhythmus, wird bestimmt von »immer wieder« und einem Sich-fallen-lassen-Können in Routinen und Gewohnheiten. Dazu gehören der intuitive Griff zur Kaffeedose, die lieb gewonnenen Staubmäuse auf der vorletzten Treppenstufe links, die Geschirrspülmaschine, die die Mathe-Hausaufgaben unpassend fröhlich summend untermalt. Oft sehne ich mich nach mehr davon, nach viel mehr. Ich will jeden Tag das ganze Leben haben. Alles, was dazugehört: alle Brotdosen, alle Zahnspangen, alle Mützen oder Schals. Ich will euch alle bei mir haben, weil ich dann am meisten bei mir bin.

Aber mein Alltag ist ein anderer. Es sind eben zwei. Einer mit weniger Terminen, mehr Zeit, mehr Stille, mehr Sehnsucht. Einer mit laut und schnell und Lachen und endlich wieder.

Ich habe kein Ritual für die Übergänge zwischen den Alltagen, das wäre wahrscheinlich gut, aber meistens schiebt sich der eine Alltag ganz unbemerkt in den anderen hinein und ist dann einfach da. Und vielleicht ist es genau das, was ich über den Alltag gelernt habe, seit ich zwei Alltage habe: Alltag ist einfach da. Das ist das Besondere am Alltag, das ist sein Glanz. Und eigentlich kratzen wir ganz schön oft an diesem Glanz: Wir optimieren, führen Morgenroutinen und Checklisten ein. Hängen Putzpläne auf und verteilen Aufgaben. Ich nehme mich da gar nicht aus! Ich habe gerade erst eine Liste mit wöchentlichen Haushaltsaufgaben erstellt in der Hoffnung, das Gefühl ungleicher Verteilung möge durch Sichtbarmachen und Aufschreiben ein bisschen weniger werden. Aber wir sollten uns im Klaren darüber sein: Es sind nicht unsere Listen, Routinen und Pläne, die unseren Alltag formen und lebendig werden lassen. Es sind wir selbst. Unsere Liebe, unsere Hingabe, unser Blick auf die allerpersönlichsten, wichtigsten Kleinigkeiten. Die Lampe im Fenster, die ein Licht sein soll für alle, die später heimkommen als geplant. Die Wärmflasche, die dann im Bett wartet. Die gespülte Frühstückskaffeetasse. Die großzügigen Gesten unseres Zusammenseins sind es, die meinen Alltag, unsere Alltage ausmachen. Und davon gibt es so viele, dass ich sie freigiebig auf alle Wochentage verteilen kann und auf alle, die dann gerade da sind: für das eine Kind das Schokobrot nach dem Abendessen, für das andere die extra Gutenachtgeschichte, für meinen Mann zehn Minuten, ohne angesprochen zu werden. Und für mich? Ja, guter Punkt: Dass ich in der Liste oft fehle, hat mir die Autorin Nora Imlau in einer ihrer Instagram-Storys aufgezeigt. Da schreibt sie: »Diese großzügigen Gesten muss es auch von uns selbst für uns selbst geben. Keine künstliche Verknappung! Keine Angst, zu verwöhnen – weder die Kinder noch mich selbst.«

Mein Alltag muss keine harte Schule für meine Widerstandskraft sein, viel lieber habe ich einen Berg weicher Kissen, in den ich fallen kann ohne Angst vor Schrammen. Ich will meinen Alltag noch viel mehr und ehrlicher als das begreifen, was er eigentlich ist: der größte und wichtigste Teil meines Lebens. Mein Herzschlag, Ort meiner Leidenschaft, Hingabe und Liebe. Ort meiner Schwächen und meiner Ängste, sicherer Kissenberg mit Schokoladenflecken. So wird aus meinen zwei Alltagen einer – von Liebe zusammengehalten.

→ **Leg in deinem Handy ein Album mit Alltagsbildern an und
gestalte daraus zu Weihnachten ein Fotoalbum, das für alle
unterm Christbaum liegt. Ein Foto von der Wasserschlacht mit
dem Gartenschlauch, eines vom Plätzchenbacken. Eingeklebte
Alltagserinnerungen.**

→ Mach eine Liste mit großzügigen Gesten von dir für dich: Wo kannst du in deinem Alltag großzügig und liebevoll mit dir sein?

→ Wenn du in deinem Bekanntenkreis getrennte Eltern hast: Frag sie, wie sie ihren Alltag, ihre Alltage, wahrnehmen – wir reden so wenig darüber!

**Feiern ist**
eine Art Nahrung,
**die wir alle brauchen,**
und jeder Einzelne
bringt ein
besonderes Rezept
**oder eine Gabe mit,**
damit wir gemeinsam ein
großes Fest feiern können.
Feiern ist ein
**menschliches Bedürfnis,**
das wir nicht verleugnen
dürfen und können.

Corita Kent

# DIE KLEINEN
## *Momente feiern*

Ich mag meinen Alltag. Ich liebe gewohnte Rituale wie meinen Kaffee am Morgen, das tägliche Aufräumen der Küche oder die zweiwöchentlichen Proben der Band, in der ich singe. Was andere vielleicht als einengendes Alltagskorsett empfinden, ist für mich eher ein Alltagsgerüst, das für Struktur und Halt sorgt. Diese immer wiederkehrenden Rhythmen und Elemente geben mir die nötige Sicherheit, um auch mal auszubrechen und spontan sein zu können.

Doch bei aller Liebe für meinen Alltag: Er zieht manchmal einfach an mir vorbei, ohne dass ich wahrnehme und schätze, was alles in ihm passiert. Die Wochen rasen dahin und kaum hat man zweimal geblinzelt, ist schon das halbe Jahr rum. Dann frage ich mich, was ich eigentlich erlebt habe, und was mit der wertvollen Zeit geschehen ist, die Gott mir geschenkt hat.

Manchmal kann ich mich an die besonderen Momente im Alltag einfach nicht mehr erinnern, weil so viel los ist. An Momente wie den, als mir meine Nachbarin ganz offen von ihrer schweren Krankheit erzählt hat und ich mich geehrt fühlte, weil sie mich ins Vertrauen zog. Oder den Augenblick im Supermarkt, als mich jemand in der Schlange an der Kasse vorließ, weil ich nur drei Dinge zu zahlen hatte. Auch kleine Gebetserhörungen wie ein schnell verfügbarer Therapieplatz trotz langer Wartezeiten oder die Blumen, die mir meine Tochter einfach so geschenkt hat, sind Erlebnisse, die meinen Alltag unglaublich reich und wertvoll machen. Nicht nur Situationen, in denen ich mich gesegnet fühle, zählen zu diesen Momenten. Genauso schön ist es, wenn ich zum Segen werden darf, ohne dass ich es vielleicht geplant habe.

Wenn ich so etwas erlebe, berührt mich das sehr – aber zwischen Unkraut zupfen, Rechnungen bezahlen und Teambesprechung am Arbeitsplatz geraten diese besonderen Momente schnell in Vergessenheit. Und dann zieht leicht Frust ein und ich beginne mich mit anderen zu vergleichen. Mein Alltag kommt dann in meinen Augen oft schlecht weg: viel zu ereignislos oder langweilig. Was habe ich schon erlebt? Wo hat Gott mich gebrauchen können?

Vor einigen Jahren habe ich begonnen, mir eine Brücke zu bauen, um mich ganz bewusst an diese besonderen Alltagsmomente zu erinnern und mich an ihnen zu freuen.

Zu Beginn des Jahres stelle ich ein großes Glas oder Gefäß auf, auf das ich einen Zettel mit der Jahreszahl klebe. Es steht in unserem Wohnzimmer an einem Ort, an dem man es täglich sieht. Und darin sammle ich alle besonderen Momente. Wenn ich einen besonders schönen Abend im Kino verbracht habe, landet die Kinokarte in diesem Glas. War ich in einem Café und hatte ein spontanes und bereicherndes Gespräch mit der Person am Nebentisch, schreibe ich das auf den Kassenzettel des Café-Besuches und dieser landet als Erinnerung im Glas. Wenn wir als Familie einen Ausflug machen, nehmen wir einen Flyer mit und schreiben das Datum des Ausflugs drauf oder ergänzen Stichpunkte zu lustigen Anekdoten und werfen ihn in das Jahresglas. Und dann gibt es Momente, für die habe ich weder Kassenzettel noch Flyer. Dann schreibe ich das Ereignis auf einen Notizzettel, versehe es noch mit einem Datum und halte die Erinnerung so fest. Zum Beispiel, als die Nachbarin nicht nur vor ihrer eigenen Garage gekehrt hat, sondern vor unserer gleich mit, und dass ich so dankbar dafür war, als ich es von meinem Küchenfenster aus gesehen habe.

Wenn ich solche Momente aufschreibe und ins Glas werfe, halte ich immer einen Augenblick inne und feiere dieses Erlebnis innerlich noch einmal. Ich zelebriere das ganz bewusst.

Das Highlight kommt jedoch am Ende des Jahres: An Silvester oder an einem Tag rund um den Jahreswechsel leeren wir das Glas als Familie gemeinsam. Wir gehen alle Momente noch einmal durch und schwelgen in Erinnerungen. Das sind für mich die schönsten Jahresabschlüsse, denn sie bestehen aus meinem realen Alltag und vielen kleinen Erlebnissen, die so wichtig sind und doch in der Hektik des normalen Lebens schnell in Vergessenheit geraten.

Stell dir dein eigenes Jahresglas auf!
Du musst dafür auch nicht bis zum
1. Januar warten – du kannst auch jetzt
sofort damit beginnen, diese kostbaren
Momente zu sammeln.

ER GIBT DEN
*Erschöpften neue Kraft;*
ER GIBT DEN KRAFTLOSEN
*reichlich Stärke.*

**Jesaja 40,29**

Regine Born

# KRAFTquellen

Neulich saß ich mit meinem Mann und einem befreundeten Ehepaar zusammen. Während jemand Kaffee für uns alle kochte, entdeckte ich in einer Zeitschrift einen Psychotest mit der Überschrift: »Was ist Ihre Kraftquelle?«. Das klang nach einer interessanten Frage und schnell konnte ich die anderen überzeugen, diesen Test gemeinsam in Angriff zu nehmen. Zu viert gingen wir Frage für Frage durch und notierten unsere Antworten. Wir lachten miteinander, wenn eine Aussage überraschend gut passte, und erfuhren Interessantes voneinander. Wir teilten uns gegenseitig mit, was wir an unseren Freunden besonders schätzen. Und wir konnten unseren Ehepartnern auf die Sprünge helfen, wenn sie sich unsicher waren, was sie am meisten auf die Palme bringt oder wo ihre Stärken liegen.

Selbst wenn ein Test aus einer Zeitschrift einem ausführlichen Persönlichkeitstest nicht das Wasser reichen kann, hat mir die Beschäftigung damit doch bewusst gemacht, was mir wirklich Kraft gibt. Ich habe einige Erkenntnisse für mich daraus mitgenommen.

1. Unsere jeweiligen Kraftquellen sind unterschiedlich. Diese Erkenntnis ist banal und gleichzeitig sehr wichtig. Nicht jeder Tipp für mehr Entspannung im Alltag passt zu meinen Bedürfnissen.

2. Mir persönlich tut es gut, mich im Alltag mal kurz zurückziehen zu können. Wenn ich Zeit und Raum für mich selbst habe, kann ich in Ruhe

über dies oder das nachdenken und Sinn bzw. Sinnvolles in meinem Tun und Handeln entdecken. In solchen Augenblicken fällt es mir viel leichter, Momente voller Schönheit im Alltag und in meinen Beziehungen zu finden. Manche davon »klebe« ich in meinen Kalender, um sie zu bewahren. Ein Bibelvers, der für mich sehr ermutigend ist, steht in Markus 1,35: »Ganz früh, es war noch Nacht, ging Jesus allein an einen einsamen Ort, um zu beten.« Bevor ich am Schreibtisch oder im Haushalt in das Alltagsgeschäft einsteige, will ich in irgendeiner Form die Kraftquelle »anzapfen«, die für mich im Glauben an Jesus Christus liegt.

3. Mein Kalender ist so etwas wie meine »Krafttank-Anzeige«. Seit fünf Jahren nutze ich zusätzlich zu meinem digitalen Terminkalender einen Jahreskalender in Buchform. In diesem Planer ist auf einer Doppelseite pro Woche Platz für Termine und To-dos. Wenn eine Woche geschafft ist, und alle meine To-dos abgehakt sind (oder nicht selten in die folgende Woche übertragen wurden), wird es kreativ. Dann überklebe ich die Seite mit Kleinigkeiten, die sich in dieser Woche in meinem Alltag angesammelt haben: Briefchen und gemalte Bilder von meinen Kindern, Flyer oder Eintrittskarten von besuchten Veranstaltungen, ein Stück schönes Geschenkpapier, ausgedruckte Fotos, die Hülle des leckeren Schokoladetäfelchens aus dem Café vom Sonntagsausflug,

ein Kassenzettel. Ich notiere tolle Zitate, Gedanken aus einer Predigt, Bibelverse … Beim Durchblättern des Kalenders erinnere ich mich wieder an viele Alltagsmomente und ich danke Gott dafür. Spätestens am Ende eines Jahres sehe ich auch genau, welche Wochen leer geblieben sind und keinen einzigen Eintrag enthalten. Das sind die, in denen zu viel im Alltag los war und ich ohne Plan und ohne Pause durch die Tage gestolpert bin. Je mehr Seiten am Stück leer geblieben sind, desto leerer war auch mein Krafttank. Nicht selten waren das auch die Zeiten, in denen ich mein Gebetsleben und meine Verbindung zu Gott vernachlässigt habe, die mir sonst Halt und Kraft geben.

4. Diesen Kraftquellen-Test haben wir im Urlaub gemacht, an einem Nachmittag ohne Verpflichtungen und Zeitdruck. Wir saßen entspannt in einer schönen Umgebung mit lieben Menschen zusammen. Ich lerne daraus: Das »Rauszoomen« aus dem Alltag und der Abstand davon können dabei helfen, neue Erkenntnisse zu gewinnen und Kraftquellen (wieder) zu entdecken.

Nutze deinen Terminkalender oder Planer kreativ. Beklebe zurückliegende Wochen mit Kleinigkeiten, die dich an schöne Momente erinnern. Als unsere Kinder noch sehr klein waren und der Alltag herausfordernd war, hatte ich ein paar Jahre lang einen Blanko-Bastelkalender und habe darin die Alltagsschätze des Monats eingeklebt.

*Alles,* WAS ATMET,
*lobe den Herrn!*

Psalm 150,6

Nic Schaatsbergen

# SCHÖPFUNG UND *Erschöpfung*

Manchmal weine ich beim Kochen in die Pfanne. Früher fand ich das befremdlich. Nicht nur, weil ich befürchtete, das Essen zu versalzen, nein, überhaupt: das Weinen. Ich dachte, es liegt an mir – ich könnte besser planen, genug Pausen machen und meine Tränen wären meine eigene Schuld. Heute sehe ich das anders.

Es ist Fakt, dass mir das Leben manchmal über den Kopf wächst. Das hat verschiedene Gründe. Einer ist, dass ich zwei Leben führe.

In meinem ersten Leben arbeite ich zu Hause. Mein Tag beginnt um halb sieben, das Kind steht auf, wir frühstücken und es geht zur Schule. Danach haben wir etwas Zeit zum Spazieren, Meditieren, für Selbstfürsorge. Wenn ich keinen Auftrag habe, arbeite ich an einer Skulptur oder an einem Druck. Manchmal schreibe ich einen Text für meinen Blog oder arbeite an Entwürfen. Atelierzeiten geben mir Kraft. Fast immer ist danach etwas sichtbar geworden, etwas entstanden.

Manchmal muss ich aber auch ins Büro. Das nimmt mir viel Energie. Nach dem Tod meines ersten Mannes musste ich viel zu viel Ablage machen, seitdem brauche ich viel Kraft, um solche Aufgaben zu erledigen. Tage voller Ablage bringen mich schon beim Mittagessen zum Weinen.

Mittagessen gibt es, sobald das Kind von der Schule kommt. Danach ein kurzes Durchatmen vor der unbezahlten Arbeit: Wäsche, Haushalt, Einkaufen, Garten. Noch fix einen kleinen Snack, bevor um halb sechs die Green-man-Zeit beginnt.

Green-man heißt unser Bildhauerbetrieb, in dem wir Betonskulpturen von Hand herstellen. Die ganze Familie hilft mit. Wir hören Musik, singen dazu und patinieren unsere Skulpturen. Sie werden aus den Formen genommen, gesäubert und anschließend in selbst angerührte Farben getaucht. An anderen Tagen müssen die Skulpturen gegossen oder imprägniert werden, damit die Farbe möglichst lang erhalten bleibt.

Dieser Teil des Tages gehört zu unserem Kerngeschäft. Ohne Betonskulpturen keine finanzielle Grundlage für meine Kunst. Diese Abende machen große Freude. Sie machen aber auch müde, weil es nach all den anderen Aufgaben schwere körperliche Arbeit ist. Da weine ich danach eben manchmal am Herd. Weil die Anspannung abfällt, weil ich loslassen kann vom Tag. Denn nach dem Essen ist Feierabend.

Deshalb finde ich Weinen heute positiv. Weil es das System reinigt und mich neu durchatmen lässt. Wie ein kleines Gewitter im Inneren.

In meinem zweiten Leben ist das anders. Da gibt es keinen klassischen Feierabend. Da fahren wir am Wochenende auf Märkte oder Festivals. Wir bauen unseren Stand auf, packen jede Skulptur aus und hängen sie auf. Danach beginnt der schöne Teil. Wenn die Besucher eines Markts unsere Werke sehen, wenn sie begeistert sind, amüsiert oder berührt.

Am Abbautag sind alle müde und trotzdem muss alles wieder sorgsam für den nächsten Markt eingepackt werden. An Regentagen, in der Kälte oder wenn der Verdienst nicht gut war, fragen wir uns, warum wir uns das eigentlich antun.

Und doch: Wir lieben, was wir tun.

Wenn ich nach solch einem Wochenende nicht mal mehr ins Essen weinen kann vor Erschöpfung, sitze ich einfach nur da und atme. »Alles, was Odem hat, lobe den Herrn.« Ich halte die Zeit an. Ich schaue um mich und beobachte, was ist. Und wertschätze es. Und das ist genug.

Neulich haben wir beim Abbau unseres Zeltes eine Biene gefunden; sie war kraftlos und ausgedörrt. Unser Kind hat ihr Wasser gegeben und wir haben sie weggetragen vom Abbautrubel des Markts, wo sie wieder zu Kräften kommen konnte. Solche Begegnungen achte ich. Weil die Biene genauso wie ich eine Schöpfung Gottes ist.

Sie erinnert mich daran, dass Gott mitgeht, wo wir hingehen. Dass er neben der Schöpfung auch die Erschöpfung kennt. Der Alltag fordert viel von uns, wie auch immer er gerade aussieht. In all dem Trubel atmen wir. In all dem Trubel leben wir. Bewusst atmen. Bewusst schauen, was Gott um mich erschaffen hat. Das tut gut. Und das ist immer da. In beiden Leben.

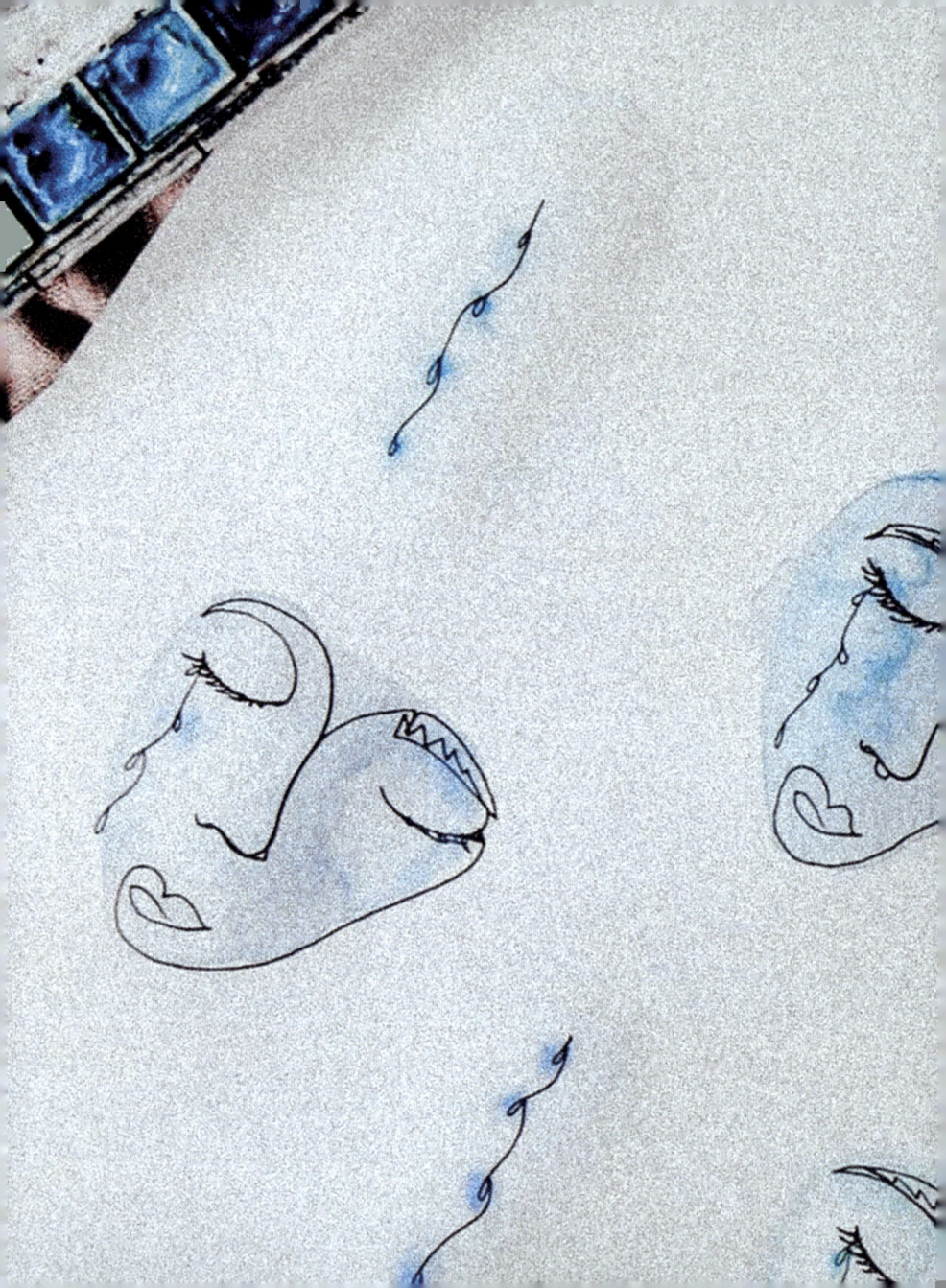

## Atem-Pause – Übungen zum Weinen und Loslassen

Augen schließen. Beim Weinen den Atem einfach stoß-
weise laufen lassen, so wie er kommt. Auf ihn achten und
sich mehr und mehr darauf konzentrieren, aber nicht
beeinflussen. So beruhigt sich die Atmung von selbst und
die Anspannung wird leichter. Erst nach der Entspannung
zwei bis drei Mal tief durchatmen.

Bei normaler Atmung ebenfalls Augen schließen und auf
den Atem achten, ohne ihn zu beeinflussen. Auf die Phasen
zwischen Ein- und Ausatmen achten. In diesen Mikrozeiten
schließlich kurz innehalten und ein bis drei Sekunden nicht
atmen. Nachspüren, was in diesen Pausen zwischen den
Atemzügen passiert. So oft wiederholen, wie man mag. Am
Ende der Übung wieder zwei bis drei Mal tief durchatmen.

Seht hin: ICH MACHE etwas Neues, SCHON KEIMT ES AUF.

Jesaja 43,19

Birgit Schilling

# HEUTE BEGINNT

*etwas Neues*

Vor Kurzem übernachtete ich während eines Seminars im Forum Wiedenest im dortigen schönen Gästehaus.

Jeden Morgen und jeden Abend blickte ich vom Bett aus auf einen Bibelvers an der Wand. Es war Jesaja 43,19:

»Seht hin: Ich mache etwas NEUES, schon keimt es auf. Seht ihr es nicht? Ich bahne einen Weg durch die Wüste und lasse Flüsse in der Einöde entstehen.«

Beim Lesen fiel mir eine Situation ein, die schon lange zurückliegt. Als junge Ehefrau, 24 Jahre alt, war ich gerade dabei, die erste Wohnung, die ich mit meinem Mann Wolfgang bezogen hatte, nach drei Jahren wieder auszuräumen und alles zusammenzupacken, um uns auf den Missionsdienst in Nepal vorzubereiten. Ich war traurig und schaute wehmütig auf unser schönes Heim.

Da kam mir der Impuls, erst einmal »Stille Zeit« zu halten, und ich las die Bibellese des Tages. Es war Jesaja 43,18-19:

»Denkt nicht mehr daran, was war, und grübelt nicht mehr über das Vergangene. Seht hin: Ich mache etwas Neues ...«

Das hat mich damals sehr angerührt und Tränen flossen. Ich fühlte mich von Gott gesehen und getröstet. Eine Station meines Lebens musste ich hinter mir lassen und würde so nie wieder zurückkehren. Doch gleichzeitig fühlte ich, wie mir Kräfte zuwuchsen und Hoffnung aufkeimte. Das, was nun vor mir lag und unbekannt war, würde von Gott begleitet und gesegnet sein. Frieden zog in mein Herz ein. Dieser Vers trug mich durch die Turbulenzen der Wohnungsauflösung und wir zogen nach Nepal, wo wir zwölf Jahre lang lebten.

Als ich nun in meinem Gästezimmer im Bett saß, strahlte ich und dachte: »Wie gut, dass wir damals gegangen sind! Wie sehr hat uns Gott mit der Nepalzeit beschenkt!«

Dann stellte sich ein zweiter Gedanke ein: Dieser Bibelvers gilt eigentlich für jeden neuen Morgen. Jeder Tag fordert mich dazu auf, das, was gestern war, loszulassen und offen in den neuen Tag zu gehen. Mit jedem Tag brechen wir in vorher nie Dagewesenes auf.

Dieser Gedanke hat mich an diesem Morgen in Wiedenest herausgefordert und froh gemacht. Wie oft kreisen meine Gedanken um das Vergangene. Wie oft wollen verletzende Erfahrungen wieder von mir Besitz ergreifen. Wie oft rutsche ich in Nebel und Traurigkeit ab, die doch, wenn ich es so recht betrachte, mit meinem Heute gar nichts mehr zu tun haben. Paulus sagt dazu: »Seht doch: Jetzt ist die günstige und willkommene Zeit! Begreift doch: Heute ist der Tag der Rettung!« (2. Korinther 6,2b; NGÜ). Es ist immer das HEUTE, in dem Gott wirkt.

Wir sind immer wieder eingeladen nach dem NEUEN, das Gott uns schenken will, Ausschau zu halten und wieder mutig in neues Land aufzubrechen.

Der Weg durch die Wüste, von dem in Jesaja geschrieben steht, ist sicherlich keine Autobahn, sondern eher ein kleiner Pfad. Aber fanden wir als Kinder nicht solche kleinen Pfade viel spannender als breite Wege? Und sind wir diese abenteuerlichen Pfade nicht furchtlos gegangen? »Wenn ihr nicht werdet wie die Kinder ...«, sagt Jesus.

Lass das Alte und Vergangene ruhen! Genug gelitten, genug getrauert, genug geweint, genug gehadert. Ja, als Beraterin weiß ich, dass »es« einmal angeschaut und bearbeitet werden will. Oft ist die Aufarbeitung der Vergangenheit auch ein längerer Prozess und geschieht in Schüben über das Leben verteilt.

Doch öfter, als wir denken, ist es der Schritt ins Leben, wenn man einen Schlussstrich unter das Vergangene zieht und nicht mehr ständig zurückschaut. Die Frage nach dem »Warum« wird uns oft nicht beantwortet. Stattdessen lohnt es sich, der Frage nachzuspüren: Wohin will mich das Erlebte führen? Wohin will Jesus mich führen?

Heute ist der Tag des Heils – in unserem ganz normalen Alltag, so wie er ist. Es ist unsere Freiheit als Kinder Gottes, dass wir immer wieder unsere Lasten ablegen dürfen, um unbeschwert weiterzugehen und in Neues aufzubrechen.

Nimm dir Zeit für einen Spaziergang in der Natur, nimm von den folgenden Fragen die mit, die dein Herz berührt:

*Was ist mir beim Lesen dieses Textes unmittelbar in den Sinn gekommen: Welches Ereignis, welcher Gedanke?*

*Welches Erlebnis aus der Vergangenheit greift immer wieder nach mir? Was möchte ich jetzt im Gebet aus tiefstem Herzen an Gott abgeben?*

*Wo zeichnet sich »aufkeimendes Neues« am Horizont ab? Wie könnte ich dem mehr Raum geben? Mit wem möchte ich meine Gedanken teilen?*

Wieder daheim, setze dich kurz hin und schreibe deine Eindrücke auf und teile sie mit einer Freundin, der du vertraust.

## Anmerkungen

[1] Warren, Liturgy of the Ordinary – Sacred Practices in Everyday Life

[2] Smith, You Are What You Love

[3] Das Ende der Rastlosigkeit